- Les Béatitudes -

Un Homme Qui Poursuit Les Vraies Bénédictions

Dr. Jaerock Lee

URIM
BOOKS

«Béni soit l'homme qui se confie dans l'Éternel,
Et dont l'Éternel est l'espérance!
Il est comme un arbre planté près des eaux,
Et qui étend ses racines vers le courant;
Il n'aperçoit point la chaleur quand elle vient,
Et son feuillage reste vert;
Dans l'année de la sécheresse, il n'a point de crainte,
Et il ne cesse de porter du fruit.»

(Jérémie 17:7-8)

Un Homme Qui Poursuit Les Vraies Bénédictions
par le Rev. Jaerock Lee
Publié par Urim Books (Représentant: Kyungtae Noh)
73, Yeouidaebang-ro 22-gil, Dongjak-Gu, Séoul, Corée
www.urimbooks.com

Toutes les citations de la Bible proviennent de la Bible de Genève, traduction Louis Segond, sauf si spécifié autrement.

Copyright © 2014 par le Dr. Jaerock Lee
ISBN: 978-89-7557-936-3   03230
Copyright de Traduit © 2011 par le Dr. Esther K. Chung. Utilisé avec permission.

Première édition: août 2014

Publié précédemment en coréen par Urim Books, Séoul, Corée en 2009

Edité par Geumsun Vin
Maquette par le Bureau d'Edition d'Urim Books
Pour plus d'informations, contactez urimbook@hotmail.com

Un Message de Publication

Il y a une histoire écrite dans une université à Rome. Un étudiant universitaire, ayant quelques difficultés financières, passa chez un riche vieillard pour solliciter son aide. Le vieil homme lui demanda où il allait dépenser son argent. Alors, l'étudiant répondit qu'il en avait besoin pour continuer ses études.

«Et après?»

«Je vais gagner de l'argent.»

«Et après?»

«Je vais me marier.»

«Et après?»

«Je deviendrai vieux.»

«Et après?»

«Finalement je mourrai.»

«Et après?»

«...»

Il y a une bonne leçon dans cette histoire. Si l'étudiant était une personne qui cherchait les vraies bénédictions qu'il pourrait posséder pour toujours, il aurait répondu à la dernière question du vieil homme: «je vais aller au ciel.»

Généralement, les gens dans cette société pensent que le fait d'avoir des choses comme la richesse, la santé, la célébrité, l'autorité et la paix dans la famille sont des bénédictions. Ils s'efforcent d'avoir ces choses. Mais si nous regardons autour de nous, nous pourrons constater que rares sont ceux qui profitent de toutes ces bénédictions.

Certaines familles peuvent être riches, mais beaucoup d'entre elles ont des problèmes ou des difficultés dans les relations entre les parents, les enfants ou les beaux-parents. Même un homme en bonne santé peut perdre sa vie à tout moment à cause d'un accident ou d'une maladie.

En Avril 1912, alors que des milliers de personnes voyageaient paisiblement sur un bateau de croisière luxueux, ils affrontaient un accident tragique. Le «Titanic», avec 2300 personnes à bord, heurta un iceberg et coula lors de sa première croisière. C'était le plus gros paquebot du monde qui se vantait d'être le plus luxueux et le plus puissant. Cependant personne ne savait ce qui arriverait après quelques heures.

Personne ne peut prévoir ce qui arrivera demain avec certitude. Même si une personne peut jouir de la richesse, la célébrité et l'autorité dans ce monde pour toute sa vie, elle ne pourra pas être bénie si elle tombe dans l'enfer et souffre pour toujours. Par conséquent, la vraie bénédiction est de recevoir le salut et entrer dans le royaume des cieux.

Il y a environ 2.000 ans, Jésus commença son ministère public par le message: *«Repentez-vous car le royaume de Dieu est proche!»* Le premier message qui suivit cette proclamation fut les «Béatitudes» par lesquelles le royaume des cieux pourra être atteint. Jésus enseigna au sujet la bénédiction éternelle, à savoir les vraies bénédictions pour entrer dans le royaume des cieux; aux gens qui disparaîtraient bientôt comme un brouillard.

Il leur avait aussi enseigné à être le sel de la terre et la lumière du monde pour exécuter la Loi avec amour, et accomplir les Béatitudes. Cela est écrit dans l'Evangile de Matthieu, du chapitre 5 au chapitre 7. C'est ce qu'on appelle le «Sermon sur la montagne.»

Les Béatitudes ainsi que l'amour spirituel, mentionné dans 1 Corinthiens chapitre 13, et les fruits de l'Esprit, dans Galates chapitre 5, nous disent expressément comment devenir un homme spirituel.

C'est un repère qui nous aide d'être capables de nous examiner, et c'est aussi le contenu essentiel pour être sanctifiés et entrer dans la nouvelle Jérusalem, le lieu d'habitation le plus glorieux dans le ciel, où se trouve le trône de Dieu.

Ce livre, *Un homme Qui Poursuit Les Vraies Bénédictions*, est un résumé des sermons à propos des Béatitudes que j'ai enseignées à l'église quelques fois.

Si nous accomplissons ce qui est donné dans les Béatitudes, nous n'allons pas seulement jouir de toutes les bénédictions de ce monde telles que la richesse, la santé, la célébrité, l'autorité et la paix dans la famille, mais nous allons également posséder la Nouvelle Jérusalem parmi les nombreux lieux d'habitation célestes. La bénédiction donnée par Dieu ne peut être ébranlée dans n'importe quelle sorte de difficultés. Si nous n'accomplissons que les Béatitudes, nous n'aurons aucune déficience.

Je prie pour que, au travers de ce livre, beaucoup de gens changeront en hommes d'esprit qui cherchent les vraies bénédictions et reçoivent toutes les bénédictions préparées par Dieu. Je remercie aussi Geumsun Vin, la directrice du bureau de rédaction, et les travailleurs.

Jaerock Lee

Table du Contenu

Un Message de Publication

Chapitre 1
La Première Bénédiction

Heureux les pauvres en esprit,
car le royaume des cieux est à eux

Mathieu 5:3

«Heureux les pauvres en esprit,

car le royaume des cieux est à eux!»

Dans une prison américaine, un forçat condamné à mort versait des larmes, tout en tenant un journal dans sa main. Le titre du journal portait sur l'inauguration du vingt-deuxième président des États-Unis d'Amérique, Stephen Grover Cleveland. Un geôlier qui l'observait lui demanda pourquoi il pleurait si amèrement.

Alors, la tête baissée, il commença à lui expliquer la cause en disant: «Stephen et moi, nous étions dans le même collège. Un jour, après que nous avions terminé notre classe, nous entendîmes le tintement d'une cloche d'église. Stephen m'incita pour venir avec lui à l'église, mais je refusais. Lui, il se dirigea à l'église, et moi vers un bar. Cela rendit nos vies si différentes.»

Le choix d'un moment changea toute la vie de cet homme. Mais, ce n'est pas seulement la vie sur cette terre. Notre vie éternelle peut également être changée selon les choix que nous faisons.

Les personnes invitées au banquet céleste

Dans l'évangile de Luc chapitre 14, un homme avait donné un grand festin et invita beaucoup de personnes. Il envoya ses serviteurs pour escorter les invités, mais tous les serviteurs revinrent seuls, sans les invités. Les convives avaient de nombreuses raisons, mais ils étaient tous trop occupés pour venir.

«J'ai acheté un champ, et je suis obligé d'aller le voir. Merci pour l'invitation ,mais malheureusement, je ne peux pas venir.»

«J'ai acheté cinq paires de bœufs, et je vais les tester; excuse-moi, je te prie.»

«Je viens de me marier, et c'est pourquoi je ne peux y aller.»

Alors le maître de la maison envoya de nouveau ses serviteurs promptement dans les places et dans les rues du village pour amener les pauvres, les estropiés, les aveugles et les boiteux. Dans cette parabole, Jésus compare ceux qui ont reçu des invitations à ceux qui avaient été invités pour assister à un festin céleste.

Aujourd'hui, ceux qui sont riches en esprit refusent d'accepter la Bonne Nouvelle. Ils donnent de nombreuses excuses pour ne pas assister au festin, tandis que ceux qui sont pauvres en esprit acceptent rapidement l'invitation. C'est pourquoi la première porte à traverser pour atteindre la vraie bénédiction est de devenir une personne pauvre en esprit.

Les pauvres en esprit

Être «pauvre en esprit» c'est avoir un pauvre cœur. C'est avoir un cœur dépourvu de l'arrogance, de l'orgueil, de l'égoïsme, des désirs personnels, ou du mal. Ainsi, ceux qui sont «pauvres en esprit» acceptent facilement la Bonne Nouvelle. Après avoir accepté Jésus-Christ, ils aspirent aux choses spirituelles. Ils sont aussi capables de changer rapidement par la puissance de Dieu.

Certaines femmes disent: «Mon mari est un homme vraiment bon, mais il ne veut pas accepter l'Évangile.» Les gens considèrent que quelqu'un est «bon» si, apparemment, il ne commet pas d'actes qui sont mauvais. Mais même si quelqu'un semble être bon, s'il n'accepte pas l'Evangile parce que son cœur est riche, comment peut-on dire qu'il est vraiment bon?

Dans Matthieu chapitre 19, un jeune homme vint vers Jésus et lui demanda ce qu'il devait faire de bon pour avoir la vie éternelle. Jésus lui dit de garder tous les commandements de Dieu. En surplus, Il lui dit de vendre tous ses biens, de les donner aux pauvres, puis venir et Le suivre.

Le jeune homme pensait qu'il aimait Dieu et qu'il gardait très bien Ses commandements. Mais il s'en alla tout triste parce qu'il avait tant de biens, et qu'il considérait sa richesse plus précieuse que la vie éternelle. En le voyant Jésus dit: *«il est plus facile à un chameau de passer par le trou d'une aiguille qu'à un riche d'entrer dans le royaume de Dieu»* (v. 24).

Ici, être riche ne signifie pas seulement avoir les biens et les grandes richesses. Cela signifie être riche en esprit. Les gens qui sont riches en esprit, apparemment, peuvent ne pas faire quelque chose de très mal, mais ils ont de forts désirs charnels des choses temporelles. Ils sont épris par l'argent, le pouvoir, la connaissance, l'orgueil, les activités récréatives, les loisirs, et autres plaisirs. C'est pourquoi ils ne sentent pas le besoin de l'Evangile, et ils ne cherchent pas Dieu.

La bénédiction de la richesse pour ceux qui sont pauvres en esprit

Dans l'Évangile de Luc, chapitre 16, nous trouvons la parabole de l'homme riche qui se réjouissait et qui, chaque jour, menait joyeuse et brillante vie. Il était si riche que son cœur était aussi riche; il n'avait pas senti le besoin de croire en Dieu. Mais le mendiant Lazare souffrait de maladies et avait dû mendier à la porte de la maison du riche. Parce qu'il était pauvre en esprit, il avait cherché Dieu.

Quel fut le résultat après leur mort? Lazare avait été sauvé et fut porté dans le sein d'Abraham où il pouvait se reposer; mais l'homme riche tomba dans le séjour des morts et souffrait éternellement.

Les flammes étaient tellement chaudes qu'il dit: *«Père Abraham, aie pitié de moi, et envoie Lazare, pour qu'il trempe le bout de son doigt dans l'eau et me rafraîchisse la langue; car je souffre cruellement dans cette flamme»* (v. 24). Il ne pouvait pas sortir de la douleur, même pour un instant.

Alors, quel genre de personne est un homme béni? Ce n'est pas l'homme qui possède tant de biens et d'autorité et qui jouit de sa vie sur cette terre comme fut l'homme riche. Une vie vraiment bénie consiste à accepter Jésus-Christ et entrer dans le royaume céleste, comme fut le cas de Lazare bien que sa vie fût humble. Comment peut-on comparer la vie sur cette terre, qui est seulement pour soixante-dix ou quatre-vingts ans, avec la vie éternelle?

Cette parabole nous dévoile que l'important ce n'est pas le fait d'être riche ou pauvre sur cette terre, mais le fait d'être pauvre en esprit et croire en Dieu.

Cependant, cela ne signifie pas que, pour être sauvé, une personne qui a un esprit pauvre et a accepté Jésus-Christ doit mener une vie pauvre et souffrir de maladies comme Lazare. Mais plutôt, parce que Jésus nous a rachetés de nos péchés et a vécu lui-même dans la pauvreté, quand nous sommes pauvres en esprit et quand nous vivons par la parole de Dieu, nous pouvons être riches (2 Corinthiens 8:9).

3 Jean 1:2 dit: *«Bien-aimé, je souhaite que tu prospères à tous égards et sois en bonne santé, comme prospère l'état de ton âme.»* Quand notre âme prospère, nous allons être en bonne santé physiquement et spirituellement, et nous allons recevoir les bénédictions financières, la paix dans la famille, et ainsi de suite.

Même si nous avons accepté Jésus-Christ et que nous arrivons à jouir de la bénédiction de la richesse, nous devons garder notre foi en Jésus-Christ jusqu'à la fin pour posséder complètement le royaume céleste. Si nous aimons les choses temporelles de ce monde et nous nous éloignons de la voie du salut, nos noms pourront être effacés du livre de vie (Psaume 69:28).

C'est exactement comme une course de marathon. Lorsque le marathonien, qui court le premier, s'éloigne de la piste avant d'atteindre la ligne d'arrivée, il ne peut pas obtenir un prix, n'en parlons pas alors de la médaille d'or.

C'est-à-dire, même si nous menons une vie chrétienne assez diligente jusqu'à ce moment-là, si nous avons de nouveau le cœur riche à cause de la tentation de l'argent et des plaisirs mondains, notre ferveur se refroidira. Nous pourrons même nous écarter de Dieu. Si nous le faisons, nous ne serons pas en mesure d'atteindre le royaume des cieux.

C'est pourquoi nous lisons dans 1 Jean 2:15-16:

> *N'aimez point le monde, ni les choses qui sont dans le monde. Si quelqu'un aime le monde, l'amour du Père n'est point en lui; car tout ce qui est dans le monde, la convoitise de la chair, la convoitise des yeux, et l'orgueil de la vie, ne vient point du Père, mais vient du monde.*

Rejeter la convoitise de la chair

La convoitise de la chair sont les pensées de contrevérité qui jaillissent du cœur. Ce sont les natures qui veulent commettre des péchés. Si nous avons la haine, la colère, les désirs, l'envie, les pensées adultères et de l'arrogance dans nos cœurs, alors nous allons vouloir voir, entendre, penser et agir suivant ces natures.

Par exemple, si une personne est de nature qui aime juger et condamner les autres, elle aura le désir d'entendre des rumeurs au sujet d'autrui. Puis, sans même vérifier pour découvrir et connaître la vérité, elle propagera ce qu'elle a ouï dire et calomniera les autres, tout en trouvant du plaisir à faire cela.

En plus, si quelqu'un a la colère dans le cœur, il s'énervera rapidement: les moindres choses susciteront sa colère. Il ne se sentira bien qu'après avoir déversé sa colère. S'il essaie de retenir sa colère, cela sera pénible pour lui; alors, il ne peut pas s'empêcher d'extérioriser la colère.

Afin de rejeter ces convoitises de la chair, nous devons prier. Nous pourrons sûrement les rejeter si nous recevons la plénitude de l'Esprit par de ferventes prières. Au contraire, si nous cessons de prier ou si nous perdons la plénitude de l'Esprit, nous donnerons une chance à Satan pour agiter la convoitise de la chair. En conséquence, nous pourrons commettre des péchés.

1 Pierre 5:8 dit: *«Soyez sobres, veillez. Votre adversaire, le diable, rôde comme un lion rugissant, cherchant qui il dévorera.»* Nous devons toujours être éveillés, par la prière, pour recevoir la plénitude du Saint-Esprit. Grâce à des prières ferventes nous pouvons devenir pauvres en esprit, en nous dépouillant de la convoitise de la chair qui est notre nature pécheresse.

Rejeter la convoitise des yeux

La convoitise des yeux c'est la nature pécheresse qui est agitée lorsque nous voyons ou entendons quelque chose. Elle nous pousse à désirer et à suivre ce qui a été vu ou entendu. Nous pouvons voir quelque chose et l'admettre tout en éprouvant certains sentiments. Si plus tard, nous voyons quelque chose de similaire, nous aurons les mêmes sentiments déjà éprouvés. Même sans voir, juste en entendant quelque chose de semblable, le même sentiment surgira et provoquera la convoitise des yeux.

Si nous ne mettons pas un terme à cela, mais nous acceptons cette convoitise des yeux continuellement, cela agitera la convoitise de la chair. Et encore finalement, il est probable que nous serons menés à commettre des péchés. David, un homme selon le cœur de Dieu, avait également commis un péché à cause de la convoitise des yeux.

Un jour, après qu'il devint le roi et que la nation vint d'avoir une certaine stabilité, David était sur le toit et par hasard vit Bath-Schéba, femme d'Urie, en train de se baigner. Il fut tenté, alors il l'emmena et coucha avec elle.

Durant ce temps, le mari de Bath-Schéba était dans le champ de la bataille, en train de combattre pour le pays. Plus tard, David sut que Bath-Schéba était tombée enceinte. Afin de dissimuler son méfait, il convoqua Urie du champ de la bataille et l'incita à dormir à la maison.

Mais comme Urie pensait à ses compatriotes qui campaient

en rase campagne et se trouvaient toujours dans le champ de la bataille, il refusa de coucher dans sa maison et s'endormit à la porte de la maison royale. Comme les choses ne se passaient pas comme il voulait, David envoya Urie au plus fort du combat afin qu'il soit frappé et qu'il meure.

David pensait qu'il aimait Dieu plus que quiconque. Néanmoins, comme la convoitise des yeux le dominait, il commit le mal en couchant avec la femme d'un autre homme. Par ailleurs, pour dissimuler sa faute, il commit un assassinat, un mal encore plus grand.

Plus tard, comme châtiment, David passa par de grandes épreuves: son fils né de Bath-Schéba mourut, et lui, il devait échapper à la rébellion de son fils, Absalom. Il avait même entendu les malédictions d'une personne subalterne.

Grâce à cela, David devint capable de se rendre compte de la forme du mal dans son cœur et se repentit complètement devant Dieu. Enfin, il devint un roi qui était grandement utilisé par Dieu.

Ces jours-ci, certains jeunes s'intéressent aux matériels pour adultes dans des films ou sur Internet . Mais ils ne doivent pas prendre cela à la légère. Ce genre de convoitise des yeux est comme une mèche qui peut faire allumer la convoitise de la chair.

Comparons cela à la guerre. Supposons que la convoitise de la chair est représentée par des soldats qui se battent au sein d'une ville fortifiée. Alors la convoitise des yeux représente les renforts ou les fournitures militaires de ces soldats à l'intérieur de la ville. Si les soldats ont continuellement des fournitures, ils auront plus de force pour combattre. Si la convoitise de la chair est fortifiée, nous ne pourrons pas la vaincre.

Par conséquent, comme il est possible, par notre propre volonté, de mettre terme à la convoitise des yeux, nous ne devrions pas voir, entendre, ou avoir des pensées qui ne sont pas la vérité. Par ailleurs, lorsque nous voyons, entendons, et pensons seulement la vérité et que nous avons seulement les bons sentiments, nous pouvons nous débarrasser complètement de la convoitise des yeux.

Rejeter l'orgueil de cette vie

L'orgueil de cette vie, c'est la nature qui se vante de soi-même. C'est se livrer à des plaisirs physiques du monde afin de satisfaire la convoitise de la chair, la convoitise des yeux et de faire étalage des réussites devant les autres. Si nous avons ce genre de nature, nous nous vanterons de la richesse, de l'honneur, des connaissances, des talents, de l'apparence et ainsi de suite, cherchant à nous montrer et attirer l'attention des autres.

Jacques 4:16 dit: «*Mais maintenant vous vous glorifiez dans vos pensées orgueilleuses. C'est chose mauvaise que de se glorifier de la sorte.*» Se glorifier n'est d'aucune utilité pour nous. Par conséquent, comme il est dit dans 1 Corinthiens 1:31:

«Que celui qui se glorifie se glorifie dans le Seigneur», nous devons nous glorifier seulement dans le Seigneur afin de donner la gloire à Dieu.

Se glorifier dans le Seigneur est se vanter parce que Dieu nous a répondus, nous a donné des bénédictions et la grâce, et se vanter du royaume des cieux. C'est de rendre gloire à Dieu et de planter la foi et l'espérance dans les auditeurs afin qu'ils puissent désirer les choses spirituelles.

Toutefois certains disent qu'ils se glorifient dans le Seigneur, mais d'une certaine façon, ils veulent être élevés à travers cela. Dans ce cas, nous ne pouvons pas changer les autres. Par conséquent, nous devrions toujours nous examiner dans toute chose afin que l'orgueil de cette vie ne nous atteigne pas (Romains 15:2).

Devenir un enfant Spirituel

Un petit enfant vivait dans une petite ville des États-Unis. Comme la classe de son école de Dimanche était très petite, il priait Dieu pour leur donner une classe plus grande. Mais, il n'y avait pas de réponse, même après plusieurs jours; alors, il commença à écrire, chaque jour, des lettres à Dieu.

Mais cet enfant mourut avant d'atteindre ses dix ans. Comme sa mère prenait soin de ses affaires, elle trouva le gros paquet de lettres qu'il avait écrites à Dieu. Elle le montra au pasteur qui était profondément touché. Il en parla dans son sermon.

Ces nouvelles se répandirent dans de nombreux endroits, et les offrandes commençaient à venir de toute part; aussitôt, les offrandes furent plus que suffisantes pour construire une nouvelle église. Plus tard, une école primaire et secondaire et même une université avaient été établies en son nom. Cela fut le résultat de la foi innocente d'un jeune enfant qui crut que Dieu est Celui qui donne ce que nous demandons.

Dans Matthieu chapitre 18, les disciples demandèrent à Jésus qui est le plus grand dans le royaume des cieux. Jésus répondit: *«Je vous le dis en vérité, si vous ne vous convertissez et si vous ne devenez comme les petits enfants, vous n'entrerez pas dans le royaume des cieux»* (v. 3). Devant Dieu, nous devons tous avoir le cœur des enfants, quelque soit l'âge de la personne.

Les enfants sont innocents et purs, ainsi ils acceptent n'importe quoi tel qu'ils l'apprennent. De même, c'est seulement quand nous croyons à la parole de Dieu, telle que nous l'avons entendue et nous l'avons apprise, et quand nous y obéissons, que nous pourrons entrer dans le royaume céleste.

Par exemple, la parole de Dieu dit: «Priez sans cesse», et nous devons prier sans cesse, sans donner d'excuses. Dieu nous dit de nous réjouir toujours, et ainsi, nous essayons toujours de nous réjouir sans penser: «Comment puis-je me réjouir tout en ayant ces choses tristes dans ma vie?» Dieu nous dit de ne pas haïr, alors nous essayons d'aimer même nos ennemis, sans donner aucune excuse.

De même, si nous avons le cœur des enfants, nous allons nous repentir immédiatement du mal que nous avons fait et essayer de vivre par la parole de Dieu.

Mais si quelqu'un est souillé par le monde et perd son innocence, il sera insensible, même quand il commet des péchés. Il jugera et condamnera les autres, propagera les fautes et les défauts des autres, racontera de petits et de graves mensonges, sans même se rendre compte qu'il fait de mauvaises choses.

Il se comportera avec les autres avec dédain et essayera d'être servi. Et si quelque chose ne lui est pas bénéfique, il va tout simplement oublier la grâce qu'il avait reçue autrefois, et même il ne ressentira aucun regret. Et comme il a un grand désir de chercher ses profits personnels, il agira de manière à l'obtenir.

Mais dans la vérité, si nous devenons des enfants spirituels, nous réagirons avec sensibilité face au bien et au mal. Si nous voyons quelque chose de bien, nous serons facilement touchés et nous verserons des larmes, et nous haïrons et détesterons ce qui est mal.

Même si les gens dans le monde considèrent une certaine chose qu'elle n'est pas un mal, si Dieu dit que c'est un mal, nous la haïrons de tout notre cœur et essayerons de ne pas commettre le péché.

En outre, un enfant n'est pas arrogant, donc il n'insiste pas sur ses opinions. Il accepte ce qu'on lui enseigne. De même, un enfant spirituel n'insiste pas sur son arrogance et n'essaye pas d'accroître son importance. Les scribes et les pharisiens au temps de Jésus jugeaient et condamnaient les autres en disant qu'ils connaissaient la vérité, mais un enfant spirituel ne fera pas une telle chose. Il agira humblement et doucement tout comme notre Seigneur.

Ainsi, un enfant spirituel ne s'obstine pas et n'insiste pas qu'il a raison quand il écoute la parole de Dieu. Même s'il y a quelque chose qui n'est pas en accord avec ses connaissances ou quelque chose qu'il ne comprend pas, il ne va ni juger ni mal comprendre, mais tout simplement croire et obéir avant tout. Quand il entend parler des œuvres de Dieu, il ne devra montrer aucun orgueil ou arrogance, mais désirera vivement expérimenter de telles œuvres lui-même.

Si nous devenons des enfants spirituels, nous croirons et obéirons à la parole de Dieu telle qu'elle est. Si nous trouvons n'importe quel péché selon la parole, nous essayerons de changer.

Mais dans certains cas, les gens mènent une vie chrétienne pendant une longue période, et ils stockent la parole de Dieu comme connaissance tout simplement, et leur cœur devient celui d'un adulte. Au début, lorsqu'ils avaient reçu la grâce de Dieu, ils s'étaient repentis et avaient jeûné pour rejeter les péchés qu'ils avaient trouvés en eux, mais plus tard, ils devinrent insensibles.

Quand ils écoutent la parole, ils pensent: «Je sais cela.» Ou encore, ils obéissent et acceptent seulement les choses qui leur sont bénéfiques ou les choses qui leur sont acceptables et en accord avec eux. Ils jugent et condamnent les autres avec la parole qu'ils connaissent.

Par conséquent, pour devenir pauvres en esprit, nous devons toujours trouver, à travers la parole, le mal en nous, le rejeter par des prières ferventes, et devenir des enfants spirituels. C'est à ce moment-là seulement que nous serons capables de jouir de toutes les bénédictions que Dieu avait préparées pour nous.

La Bénédiction de posséder le royaume éternel des cieux

Puis, plus précisément, quelles sortes de bénédictions ceux qui sont pauvres en esprit vont recevoir? Matthieu 5:3 dit, *«Heureux les pauvres en esprit, car le royaume des cieux est à eux!»* Et comme il est dit, ils vont recevoir la vraie bénédiction éternelle, à savoir le royaume des cieux.

Le royaume des cieux est l'endroit où les enfants de Dieu habiteront. C'est un lieu spirituel qui ne peut pas être comparé avec ce monde. Tout comme les parents attendent la naissance de leur bébé et lui préparent toutes choses comme jouets et poussette, Dieu prépare le royaume des cieux pour ceux qui sont pauvres en esprit, ont ouvert leur cœur, et accepté l'Evangile pour devenir ses enfants.

Comme le dit Jésus dans Jean 14:2, *«Il y a plusieurs demeures dans la maison de mon Père»*, il y a plusieurs demeures dans le royaume céleste. Les lieux d'habitation dans le ciel seront différents; c'est selon combien nous aimons Dieu et vivons par Sa parole pour garder notre foi.

Si une personne est pauvre en esprit mais elle se contente d'accepter Jésus-Christ et d'avoir le salut, elle ira au Paradis pour y vivre éternellement. Mais si on continue dans la vie en Christ et on change par la parole de Dieu, alors le premier, le deuxième et le troisième royaumes du Ciel, nous seront donnés. Par ailleurs, celui qui a accompli la sanctification du cœur et a été fidèle dans toute la maison de Dieu recevra le plus beau lieu d'habitation, la Nouvelle Jérusalem, pour jouir des bénédictions éternelles.

Prière de vous référer aux livres *Ciel I* et *Ciel II* qui parlent des lieux d'habitation et de la vie heureuse dans le royaume céleste. Ici, permettez-moi de vous présenter un tout petit peu la vie de la Nouvelle Jérusalem.

Dans la ville de la Nouvelle Jérusalem, où la lumière de la gloire de Dieu brille, la voix des anges louant Dieu est légèrement entendue. Une route d'or passe entre les bâtiments qui sont construits avec des pierres précieuses et de l'or donnant des lumières brillantes. Il y a de parfaits paysages de champs verts, pelouses, arbres et fleurs magnifiques de couleurs bien harmonieuses.

Le fleuve d'eau de la vie, qui est clair comme du cristal, coule paisiblement. Le sable fin et doré se trouve sur les berges. Sur des bancs d'or sont placés des paniers qui contiennent des fruits de l'arbre de vie. Au loin on peut voir la mer comme le verre. Sur la mer, il y a un magnifique bateau de croisière fait avec des bijoux variés.

Les gens qui entrent dans ce lieu sont servis par de nombreux anges et ils jouissent de l'autorité d'un roi. Ils peuvent voler dans le ciel sur des automobiles semblables à des nuées lumineuses. Ils voient toujours le Seigneur de près et profitent des banquets célestes avec les prophètes célèbres.

En outre, dans la Nouvelle Jérusalem il y a d'innombrables choses, précieuses et belles, que nous ne pourrons jamais voir sur cette terre. Chaque coin est un paysage qui ravit les sens.

Par conséquent, nous ne devrons pas nous contenter du salut que nous avons reçu, mais nous devons être de plus en plus pauvre en esprit et nous changer complètement avec la Parole pour entrer dans la ville de la Nouvelle Jérusalem, le lieu d'habitation le plus beau dans le ciel.

La proximité de Dieu est notre bénédiction

Lorsque nous devenons pauvres en esprit, nous n'allons pas seulement rencontrer Dieu et recevoir le salut, mais aussi nous recevrons l'autorité en tant qu'enfants de Dieu et d'autres bénédictions. Permettez-moi de vous présenter le témoignage d'un ancien dans l'église. Il avait souffert de «la maladie de pollution», ou autrement appelée «maladie de danger public», mais il avait reçu la bénédiction d'être pauvre en esprit.

Il y a dix ans, il avait dû prendre une autorisation d'arrêter temporairement son travail à cause de la maladie. Plusieurs fois, il avait désiré mettre fin à sa vie parce qu'il se sentait impuissant. Comme il ne pouvait voir aucune lueur d'espoir et sachant qu'il ne pouvait rien faire de sa propre volonté, il devint pauvre en esprit.

Pendant ce temps, il alla dans une librairie, et par hasard, un livre attira son attention. C'était *Goûter à La Vie Eternelle Avant La Mort*. C'est le livre dont le sujet porte sur mon témoignage et mes mémoires. J'étais un athée, et j'étais égaré au seuil de la mort à cause des sept ans de longues maladies qu'aucune méthode humaine ne pouvait guérir. Mais Dieu vint à moi et me rencontra.

L'homme ressentit que ma vie ressemblait à la sienne, et il acheta le livre ressentant qu'il avait été guidé par une certaine force. Il l'avait lu pendant la nuit et versé tant de larmes. Il avait la certitude qu'il pouvait aussi être guéri et s'enregistra dans notre église.

Depuis ce temps-là, il fut guéri de sa maladie bizarre par la puissance de Dieu, et il put retourner au travail. Il avait été loué par beaucoup de personnes parmi ses collègues et supérieurs. Il avait reçu les bénédictions d'être promu. En outre, il évangélisa plus de soixante-dix personnes de ses proches. Combien grande sera sa récompense céleste!

Psaume 73:28 dit: *«Pour moi, m'approcher de Dieu, c'est mon bien: Je place mon refuge dans le Seigneur, l'Éternel, Afin de raconter toutes tes œuvres.»*

Si nous avons pris la première bénédiction parmi les Béatitudes, en étant proche de Dieu, nous devrions devenir des enfants plus spirituels, aimer Dieu avec plus de passion, et prêcher la bonne nouvelle à ceux qui sont pauvres en esprit. J'espère que vous aurez totalement les Béatitudes et les bénédictions que le Dieu d'amour a préparées pour vous.

Chapitre 2
La Deuxième Bénédiction

Heureux les affligés,
car ils seront consolés

Matthieu 5:4

«Heureux les affligés,

car ils seront consolés!»

Il y avait deux amis qui s'aimaient beaucoup. Ils se préoccupaient l'un de l'autre et s'aimaient tellement que chacun de son côté pouvait même sacrifier sa vie pour sauver la vie de l'autre. Mais un jour, l'un d'eux mourut dans une bataille. Celui qui resta vivant pleura jusqu'au soir; l'ami qui avait disparu lui manquait.

«Je suis affligé pour toi, mon frère Jonathan, tu étais très aimable avec moi. Ton amour pour moi était plus merveilleux que celui des femmes.»

Cet homme prit le fils de son ami et s'occupa de lui comme s'il était son propre fils. C'est l'histoire de David et Jonathan, présentée dans 2 Samuel chapitre 1.

Comme nous vivons dans ce monde, nous faisons face à beaucoup de situations tristes comme la mort des êtres chers, les douleurs des maladies, les troubles dans la vie, les problèmes financiers, et ainsi de suite. Nous n'exagérons pas si nous disons que la vie est une suite de douleurs.

L'affliction charnelle, Ce n'est pas la Volonté de Dieu

Dans l'histoire de l'humanité, nous trouvons les guerres, le terrorisme, la famine et bien d'autres catastrophes qui ont eu lieu sur le plan national. En plus, il y a beaucoup de choses tristes et de problèmes qui ont eu lieu sur le plan individuel.

Certains sont affligés à cause des difficultés financières, et d'autres souffrent à cause des douleurs de maladies. Certains ont le cœur brisé parce que leurs plans ne sont pas réalisés et d'autres versent des larmes amères pour avoir été trahis par les personnes qu'ils aiment.

Ce genre d'affliction causé par des événements douloureux est une affliction charnelle. Il provient de mauvaises émotions de la personne. Ce n'est jamais la volonté de Dieu. Ce type d'affliction charnelle ne peut pas être consolé par Dieu.

Par contre, la Bible nous dit que c'est la volonté d'être toujours joyeux (1 Thessaloniciens 5:16). En outre, Dieu nous dit dans Philippiens 4:4 *«Réjouissez-vous toujours dans le Seigneur; je le répète, réjouissez-vous.»* Beaucoup de versets de la Bible nous demandent de nous réjouir.

Certains peuvent se demander en pensant: «Je peux me réjouir quand j'ai quelque chose qui me le permet; mais quand je souffre de tant de troubles, douleurs et privations, comment puis-je me réjouir?»

Mais nous pouvons nous réjouir et rendre grâces parce que nous sommes déjà devenus des enfants de Dieu qui sont sauvés et ont reçu la promesse du royaume céleste. En outre, étant enfants de Dieu, quand nous demandons, il entendra et résoudra nos problèmes. Puisque nous croyons ce fait, nous pouvons sûrement nous réjouir et rendre grâces.

C'est l'histoire du révérend Dr Myong-ho Cheong, un missionnaire de notre église envoyé en Afrique, il prêche l'Evangile dans plusieurs réunions dans cinquante-quatre pays africains. Il y a dix ans, il avait quitté son emploi en tant que professeur d'université et s'était rendu en Afrique pour des œuvres missionnaires. Mais, peu de temps après son fils unique mourut.

Plusieurs membres de l'église le consolaient, mais il ne faisait que rendre grâces à Dieu, et plutôt ce fut lui qui consolait les membres de l'église. Il était reconnaissant parce que Dieu avait pris son fils pour le royaume des cieux où il n'y a pas de larmes, de chagrin, de douleur ou de maladie; et comme il avait l'espoir de voir son fils de nouveau dans le ciel, il pouvait se réjouir.

De même, si nous avons la foi, nous n'aurons pas l'affliction charnelle qui nous empêche de vaincre nos tristes émotions que causent certaines choses tristes. Nous serons capables de nous réjouir dans n'importe quelle situation.

Même si nous affrontons un certain problème, si nous rendons grâces et prions avec foi, Dieu, voyant notre foi, agira. Il fera que toutes choses concourent au bien de ceux qui aiment Dieu. Et ainsi les situations physiquement douloureuses n'auront pas d'importance pour les véritables enfants de Dieu.

Dieu Veut une affliction Spirituelle

Ce que Dieu veut c'est l'affliction spirituelle et non l'affliction charnelle. Mathieu 5:4 dit: *«Heureux les affligés.»* Ici, affliction veut dire affliction spirituelle pour le royaume et la justice de Dieu. Alors de quel genre d'affliction spirituelle s'agit-il?

Premièrement, il y a l'affliction de la repentance.

Lorsque nous croyons en Jésus-Christ et l'acceptons en tant que notre Sauveur, nous nous rendons compte de tout notre cœur, par l'aide de l'Esprit Saint, qu'Il est mort sur la croix pour nos péchés. Quand nous ressentons cet amour de Jésus, nous aurons l'affliction de la repentance, nous nous repentons de nos péchés avec des larmes et un nez qui coule.

La repentance c'est le fait de renoncer à vivre dans les péchés, et vivre par la parole de Dieu. Lorsque nous avons l'affliction de la repentance, le fardeau de nos péchés sera enlevé, et nous pouvons expérimenter cette joie qui débordera de tout notre cœur.

C'est déjà plus de 30 ans, mais je me souviens toujours très clairement de la première réunion de réveil à laquelle j'avais assisté après avoir rencontré Dieu. Là, en entendant la parole de Dieu, j'avais tant ressenti l'affliction de la repentance, avec des larmes et le nez qui coule.

Avant de rencontrer Dieu, je sentais une certaine fierté parce que je menais une vie juste et bonne. Mais en écoutant la Parole de Dieu, et en jetant un regard rétrospectif sur ma vie passée, j'avais trouvé qu'il y avait tant de fausses choses. Quand je déchirais mon cœur dans la repentance, mon corps se sentait si léger et revitalisé, comme si je volais. J'avais aussi acquis l'assurance que je pouvais vivre par la parole de Dieu. Depuis ce temps-là, j'avais cessé de fumer et de boire et j'avais commencé à lire la Bible et assister aux réunions de prières de l'aube.

Même après avoir reçu cette grâce d'avoir l'affliction de la repentance, dans notre vie en tant que chrétiens, nous pouvons avoir d'autres choses qui nous affligent. Une fois devenus enfants de Dieu, nous devons renoncer aux péchés et mener une vie sainte, selon la parole de Dieu. Mais nous ne serons pas encore parfaits avant d'atteindre une grande mesure de foi, et parfois nous commettrons des péchés.

Dans cette situation, si nous aimons Dieu, nous nous sentirons vraiment affligés devant Dieu et nous nous repentirons complètement en priant: «Dieu, aide-moi afin que cela ne se reproduise plus. Donne-moi la force pour pratiquer Ta parole.» Lorsque nous avons ce genre d'affliction, la force pour renoncer aux péchés viendra d'en haut. Ainsi, quelle grande bénédiction est d'être affligé!

Certains croyants commettent, plus d'une fois, les mêmes péchés et se repentent encore et encore. C'est le cas où le changement est très lent ou, même il se peut qu'il n'y ait pas de changement. C'est parce qu'ils ne se repentent pas vraiment du fond de leur cœur, bien qu'ils disent qu'ils ont l'affliction de la repentance.

Supposons qu'un jeune traîne avec de mauvais amis et fait

beaucoup de mauvaises choses. Il demande le pardon à ses parents, cependant il continue à faire les mêmes choses. Alors, ce n'est pas la vraie repentance. Il doit renoncer au mal, ne plus avoir de mauvaises fréquentations et étudier sérieusement. C'est à ce moment-là seulement qu'il y aura une vraie repentance.

De même, nous ne devrions pas continuer à commettre les mêmes péchés et nous repentir tout simplement avec des paroles. Mais nous devrons produire des fruits dignes de la repentance en montrant les bonnes œuvres (Luc 3:8).

Par ailleurs, comme notre foi grandit et nous devenons des responsables dans l'église, nous ne devrons plus avoir aucune affliction de repentance. Cela ne signifie pas que nous ne devrons pas nous affliger après avoir commis les péchés. Cela signifie que nous devrons renoncer aux péchés de sorte qu'il n'y aura plus rien pour en être affligés.

Quand nous ne remplissons pas nos devoirs, nous nous affligeons dans la repentance. 1 Corinthiens 4:2 dit: «*Du reste, ce qu'on demande des dispensateurs, c'est que chacun soit trouvé fidèle.*» Donc, nous devons être fidèles et porter les bons fruits tout en achevant nos devoirs. Si nous ne le sommes pas, nous devrons avoir l'affliction de la repentance.

Il y a une chose importante ici, quand nous n'accomplissons pas nos devoirs, si nous ne nous repentons pas et nous ne changeons pas, il pourra y avoir un mur de péché qui nous séparera de Dieu, et par conséquent nous ne serons pas protégés par Dieu. C'est pareil au cas d'un enfant âgé qui agit toujours comme un bébé, et qui est grondé tout le temps.

Mais si nous nous repentons et nous nous affligeons du fond de notre cœur, la joie et la paix de Dieu s'accapareront de nous. Dieu nous donnera aussi l'assurance que nous pouvons achever nos devoirs. Il nous donnera la force pour accomplir nos devoirs. C'est la consolation que Dieu donne à ceux qui sont affligés.

Ensuite, il y a l'affliction des frères dans la foi.

Parfois, des frères dans la foi commettent des péchés et vont dans le chemin de la mort. Dans ce cas, si nous sommes miséricordieux, nous serons anxieux et soucieux au sujet de ces frères. Donc, nous serons affligés comme si c'était notre propre problème. Nous allons même aller jusqu'à la repentance de leur part et nous prierons avec amour pour qu'ils agissent selon la vérité.

C'est seulement lorsque nous vouons un vrai amour pour ces âmes que nous pouvons avoir ce genre d'affliction et de larmes durant les prières de repentance en leur nom. Dieu est ravi par ce genre de prières avec affliction et nous accorde Sa consolation.

D'autre part, il y a des gens qui jugent et condamnent les autres, et leur causent des moments difficiles au lieu d'être dans le deuil et dans les larmes et prier pour eux. En outre, certaines personnes propagent des iniquités d'autres personnes, et ce n'est pas juste aux yeux de Dieu. Nous devons couvrir les fautes des autres avec amour, et prier pour eux afin qu'ils ne commettent plus le péché.

Le martyre d'Étienne est mentionné dans Actes chapitre 7. Les Juifs étaient offensés par le message que Étienne prêchait. Quand il dit que ses yeux spirituels s'ouvrirent et qu'il vit le Seigneur Jésus à la droite de Dieu, ils le lapidèrent jusqu'à la mort. Même en le lapidant, Étienne pria avec amour pour ces méchants gens qui le lapidaient.

Et ils lapidaient Étienne, qui priait et disait: Seigneur Jésus, reçois mon esprit! Puis, s'étant mis à genoux, il s'écria d'une voix forte: Seigneur, ne leur impute pas ce péché! Et, après ces paroles, il s'endormit (Actes 7:59-60).

Comment Jésus se comportait-il? Il reçut toutes les moqueries et les persécutions au moment où il fut crucifié, mais il pria pour ceux qui le crucifiaient, en disant: *«Père, pardonne-leur, car ils ne savent ce qu'ils font»* (Luc 23:34).

Tout en vivant les douleurs de la croix et bien qu'il fût totalement innocent, Il continua à prier pour le pardon des péchés de ceux qui le crucifiaient. Grâce à cela, nous pouvons comprendre combien profond, immense et grand est l'amour de Jésus pour les âmes. Un tel cœur est le type du cœur correct aux yeux de Dieu. C'est le cœur avec lequel nous pouvons recevoir des bénédictions.

Il y a aussi l'affliction pour sauver plus d'âmes.

Quand les enfants de Dieu voient ceux qui sont souillés par le péché de ce monde et vont dans la voie de la destruction, ils doivent ressentir la compassion et demander la miséricorde pour eux. Aujourd'hui, le péché et le mal prédominent tout comme au temps de Noé. Cette génération là avait été punie par les inondations. Sodome et Gomorrhe avaient été punies par le feu.

Par conséquent, nous devrions être affligés pour nos parents, frères et sœurs, parents et voisins qui ne sont pas encore sauvés. En outre, nous devrions être affligés pour notre nation et peuple, les églises, et les choses qui perturbent le royaume de Dieu. Cela signifie que nous devrions être dans l'affliction pour sauver les âmes.

L'apôtre Paul était toujours inquiet et en larmes pour le royaume et la justice de Dieu et pour les âmes. Il avait été persécuté et avait passé par tant d'épreuves en prêchant l'évangile. Il avait même été emprisonné. Il n'avait pas été affligé pour ses souffrances personnelles, toutefois il ne faisait que prier et chanter des louanges de Dieu (Actes 16:25). Il ne cessait d'être si fortement dans les larmes pour le royaume de Dieu et les âmes.

Et, sans parler d'autres choses, je suis assiégé chaque jour par les soucis que me donnent toutes les Églises. Qui est faible, que je ne sois faible? Qui vient à tomber, que je ne brûle? (2 Corinthiens 11:28-29)

Veillez donc, vous souvenant que, durant trois années,
je n'ai cessé nuit et jour d'exhorter avec larmes chacun
de vous (Actes 20:31).

Quand les croyants ne tiennent pas fermement sur la Parole de Dieu ou quand l'église ne révèle pas la gloire de Dieu, des gens comme Paul seront affligés et auront des inquiétudes à ce sujet.

En outre, quand ils sont persécutés pour le nom du Seigneur, ils ne seront pas dans les larmes parce que c'est difficile pour eux. Ils seront plutôt affligés pour les âmes des autres personnes. Par ailleurs, quand ils voient que le monde devient de plus en plus sombre, ils seront affligés et prieront pour que la gloire de Dieu soit révélée plus fortement et pour que beaucoup plus d'âmes soient sauvées.

Le besoin d'un amour spirituel pour s'affliger spirituellement

Maintenant, que faisons-nous pour accomplir ce que Dieu veut, être spirituellement affligés? Pour être dans un deuil spirituel, avant tout, nous devons avoir, en nous, l'amour spirituel.

Comme il est dit dans Jean 6:63: *«C'est l'esprit qui vivifie; la chair ne sert de rien.»* Seulement le genre d'amour que Dieu reconnaît donne la vie et, c'est ce seul genre d'amour qui est capable de mener les gens dans la voie du salut. Même si on semble avoir beaucoup d'amour, si cet amour est bien loin de la vérité, c'est un amour charnel seulement.

L'amour peut être classé en deux catégories: l'amour charnel et l'amour spirituel. L'amour charnel c'est l'amour qui cherche le profit personnel. C'est l'amour sans valeur qui change finalement et périt. D'autre part, l'amour spirituel ne change jamais. C'est l'amour dans la parole de Dieu qui est la vérité. C'est le vrai amour qui cherche le profit de l'autre tout en se sacrifiant.

L'amour spirituel ne provient pas de la volonté des hommes. Un tel amour ne nous est accordé que lorsque nous nous rendons compte de l'amour de Dieu et que nous demeurons dans la vérité. Si nous avons l'amour spirituel, c'est cet amour qui nous rend capable d'aimer même nos ennemis et de sacrifier notre vie pour les autres, alors Dieu nous donnera des bénédictions abondantes. Avec cet amour, nous pouvons donner la vie partout où nous allons, et beaucoup de gens vont revenir au Seigneur.

Par conséquent, lorsque nous avons l'amour spirituel dans notre cœur, nous pouvons être affligés pour les âmes qui meurent et nous prierons pour eux. Avec cet amour, même les gens dont le cœur est endurci changeront. Ajoutons que cet amour peut donner la vie et la foi.

Les patriarches de la foi qui étaient aimés par Dieu avaient ce genre d'amour spirituel, et ils priaient pour les âmes qui allaient dans la voie de la destruction. Ils priaient avec larmes et s'affligeaient pour le royaume de Dieu et Sa justice. Ils ne versaient pas des larmes seulement, mais ils prenaient soin, jour et de nuit, des autres âmes, fidèles aux devoirs qui leur furent donnés.

Ce n'est une vraie affliction spirituelle que si elle est suivie par des œuvres: prêcher la Parole, prier, et prendre soin des âmes tout en leur vouant de l'amour. Si nous avons l'amour spirituel, nous aurons aussi l'affliction spirituelle pour le royaume de Dieu et Sa justice.

Ensuite, comme il est dit dans Mathieu 6:33: *«Cherchez premièrement le royaume et la justice de Dieu; et toutes ces choses vous seront données par-dessus»*, alors l'esprit et l'âme changeront, le royaume de Dieu sera accompli et les autres choses nécessaires seront abondamment offertes par Dieu.

Les bénédictions données à ceux qui sont affligés

Comme il est dit dans Mathieu 5:4: *«Heureux les affligés, car ils seront consolés»*, si nous sommes affligés spirituellement, nous serons consolés par Dieu.

La consolation que Dieu nous donne est différente de la consolation des gens. 1 Jean 3:18 dit: *«Petits enfants, n'aimons pas en paroles et avec la langue, mais en actions et avec vérité.»* Comme Dieu l'avait dit, il ne nous console pas en paroles seulement, mais avec les choses matérielles aussi.

Pour ceux qui sont pauvres, Dieu donne des bénédictions financières. Pour ceux qui souffrent de maladies, Dieu leur donne la santé. Pour ceux qui prient pour les désirs du cœur, Dieu donne la réponse.

En outre, pour ceux qui sont affligés, car ils n'ont pas assez de force pour accomplir leurs devoirs, Dieu donne la force. Pour ceux qui pleurent pour les âmes, Dieu leur donne le fruit de l'évangélisation et de réveil. Par ailleurs, pour ceux qui déchirent leur cœur et pleurent pour rejeter les péchés, Dieu leur donne la grâce de la rémission des péchés. En plus, dans la mesure où ils rejettent les péchés et deviennent sanctifiés, Dieu les bénira pour manifester les grandes et puissantes œuvres de Dieu, comme ce fut le cas de l'apôtre Paul.

Il y a plusieurs années, je suis passé par de grandes difficultés. De ces difficultés fut cette église dont l'existence avait été menacée. Je devais tellement m'affliger à cause des gens qui avaient apporté des épreuves à l'église et pour les membres qui, bien qu'ils fussent innocents, étaient toujours persécutés. A cause des membres qui étaient faibles dans la foi et quittaient l'église, je ne pouvais même pas manger ou dormir.

Comme je savais que le fait de perturber l'Église de Dieu est un grand péché, j'avais versé tant de larmes pensant aux âmes qui causaient des problèmes à l'église. Je m'affligeais tellement surtout quand je vis les âmes qui, juste en entendant de fausses rumeurs, quittaient l'église et se tenaient contre Dieu. Je me considérais responsable parce que je n'avais pas pris soin d'eux convenablement.

J'avais perdu beaucoup de poids, et il m'était difficile même de marcher. Je devais toujours prêcher trois fois par semaine. Parfois, mon corps tremblait, mais comme j'avais des soucis pour les membres de l'église, je devais rester à ma place. Dieu vit mon cœur et à chaque fois que je priais, il me consolait en disant, «Je t'aime. Tout cela est plutôt une bénédiction.»

La Bénédiction pour recevoir la consolation de Dieu

Le moment venu, Dieu résout chaque malentendu, un par un, et ce fut l'occasion pour les membres de notre église de grandir dans la foi. Dieu commença à montrer ces étonnantes œuvres de Sa puissance qui ne pouvaient pas être comparées avec quoi que ce soit de ce qui se passait auparavant. Il nous montra de nombreux signes et prodiges et des choses extraordinaires.

Il avait sauvé l'église de l'effondrement et Il nous avait plutôt donné des bénédictions de réveil dans l'église. Il avait aussi largement ouvert la voie de la mission mondiale. Durant les croisades de prédication à l'étranger, il avait envoyé des centaines, puis des milliers et des millions de gens pour se rassembler, entendre la Bonne Nouvelle et recevoir le salut. Quelle sorte de récompense et joie cela fut!

'Le Festival de Prières de Guérisons Miraculeuses en Inde 2002' avait eu lieu sur la deuxième plus longue plage au monde, Marina Beach, en Inde. On estimait le nombre de personnes qui y avaient assisté à plus de 3 millions de personnes. Beaucoup furent guéris et de nombreux hindous se sont convertis.

La consolation de Dieu vient dans bénédictions que nous ne pouvons pas imaginer. Il nous donne ce dont nous avons besoin le plus, et même beaucoup plus. Il nous donne aussi des récompenses dans le royaume céleste, et c'est donc la vraie bénédiction.

Apocalypse 21:4 dit: *«Il essuiera toute larme de leurs yeux, et la mort ne sera plus, et il n'y aura plus ni deuil, ni cri, ni douleur, car les premières choses ont disparu.»* Comme il est mentionné, Dieu nous le rendra avec gloire et récompenses dans le ciel où il n'y aura plus ni larmes, ni chagrin, ni douleur.

Les demeures célestes de ceux qui sont toujours affligés et prient pour le royaume de Dieu et de Son église seront pleines d'or, de pierres précieuses et d'autres récompenses. Et surtout, elles seront décorées de grosses perles brillantes. Pour que chaque perle soit faite, l'huître devra endurer la douleur et les changements pendant une longue période et sécrétera une substance cristalline. Elle devra renoncer à soi-même pour former la perle.

De même, alors que nous sommes sur cette terre, si nous versons des larmes pour changer et si, affligés, nous prions pour le royaume de Dieu et pour les autres âmes, Dieu va nous consoler avec la perle qui symbolise toutes ces choses.

Par conséquent, ne soyons pas affligés d'une manière charnelle, mais spirituelle, et seulement pour le royaume de Dieu et pour les autres âmes. En faisant cela, nous serons consolés par Dieu et recevrons aussi de précieuses récompenses dans le royaume céleste.

Chapitre 3
La troisième Bénédiction

Heureux les débonnaires,
car ils hériteront la terre!

Matthieu 5:5

«Heureux les débonnaires,

car ils hériteront la terre!»

Lors de sa jeunesse, Lincoln était un avocat inconnu; durant cette période, il y avait un avocat nommé Edwin M. Stanton qui détestait beaucoup Lincoln. Une fois, On avait dit à Stanton qu'il avait à plaidoyer avec Lincoln, alors il claqua la porte et s'en alla. «Comment suis-je censé travailler avec cet avocat rural?»

Après un certain temps, lorsque le président élu, Lincoln, formait son cabinet, il nomma Stanton comme 27ème Secrétaire à la guerre aux États-Unis. Les conseillers de Lincoln furent surpris et lui avaient demandé de repenser à sa nomination. La raison de leur ahurissement est que Stanton avait critiqué une fois Lincoln publiquement, disant que l'élection de Lincoln comme président était une «catastrophe nationale.»

«Et même s'il me méprise, quel est le problème? Il a un grand sens du devoir et la capacité de vaincre les situations difficiles. Il est plus que qualifié pour être le Secrétaire à la guerre.»

Lincoln avait un cœur qui était à la fois grand et doux. Il était capable de comprendre et d'accueillir à bras ouverts même une personne qui l'avait critiqué. Enfin, même Stanton est arrivé à le respecter et quand Lincoln mourut, il attira l'attention sur Lincoln, en disant: «Lincoln a été le plus parfait responsable parmi les hommes que le monde ait jamais vu.»

De même, au lieu de détester une personne qui ne nous aime pas et l'éviter, il faut la changer et faire ressortir ses points forts; ainsi nous faisons preuve d'un cœur bon et doux.

La Douceur spirituelle Reconnue par Dieu

Généralement, les gens disent qu'être introverti, timide, doux et avoir un tempérament doux et tendre c'est être débonnaire. Mais Dieu dit que celui qui est vraiment débonnaire est celui qui est doux et vertueux.

Ici, 'vertu' signifie «les choses qui sont justes, bonnes et qui jaillissent d'un cœur droit.» Avoir la vertu dans Dieu c'est agir avec droiture, se contrôler lors de notre contact avec les autres personnes, c'est avoir la dignité, et être équipé dans toute chose.

La douceur et la vertu semblent être similaires, mais en réalité, il y a une différence bien nette entre les deux. La douceur provient de l'intérieur d'une personne tandis que la vertu est comme les vêtements de l'extérieur. Même si une personne est grande, si elle ne porte pas de bons vêtements convenables, elle diminuera de son élégance et de sa dignité. De même, si tout en étant doux nous n'avons pas la vertu, nous ne pouvons pas parler de perfection. En outre, même si nous semblons être vertueux, si nous n'avons pas la douceur intérieure, c'est sans valeur. Nous ressemblerons à une coquille de noix vide à l'intérieur.

La douceur spirituelle qui peut être reconnue par Dieu ne consiste pas seulement à avoir un caractère doux; c'est avoir aussi la vertu. Par suite, nous serons capables d'avoir un grand cœur pour comprendre de nombreuses personnes; c'est comme un grand arbre qui donne une grande ombre et sous lequel les gens se reposent.

Jésus était débonnaire, il ne querellait ni criait, et il avait une voix de basse qu'on n'entendait pas dans la rue. Il traitait les bons et les méchants avec le même cœur, pour cela beaucoup de gens l'avaient suivi.

La vertu pour comprendre beaucoup de gens

Dans l'histoire de la Corée, il y avait un roi au caractère débonnaire. Ce fut Sejong le Grand. Non seulement il était débonnaire, mais il possédait également la vertu. Il était aimé par ses ministres et le peuple. En son temps, il y avait de grands érudits comme Hee Hwang et Maeng Sa Sung. Le plus important fut qu'il avait achevé la création de l'alphabet coréen, 'Han-gul'.

Il avait réformé le système médical et aussi défini le type de métal. Il avait désigné de nombreux types de personnes dans divers domaines y compris la musique et la science, et avait accompli de splendides réalisations culturelles. Donc, vous voyez que beaucoup de gens peuvent compter sur une personne qui possède la douceur et la vertu; ajoutons que le fruit que peut porter une telle personne est aussi magnifique.

Ceux qui sont doux peuvent comprendre même les autres qui ont des idées et des éducations différentes. Ils ne jugent pas et ne condamnent pas méchamment dans n'importe quelle affaire. Ils comprennent le point de vue de l'autre dans n'importe quelle situation. Ce sont des gens dont le cœur est doux et confortable de telle sorte qu'ils servent les autres humblement.

Si l'on jette une pierre sur un morceau de métal dur, elle va produire un bruit assourdissant. Si l'on jette une pierre sur du verre, il se brisera. Mais si on jette une pierre dans un paquet de coton, il n'y aura ni de bruit ni de brisure, parce que le coton va contenir la pierre.

De même, celui qui est débonnaire n'abandonne personne même ceux qui ont la foi faible et agissent dans le mal. Il attendra jusqu'à la fin pour les changer et il les guidera pour mieux agir. Ses paroles ne seront pas fortes ou bouleversantes, mais agréables et douces. Il ne prononcera pas des choses insignifiantes mais seulement des paroles de vérité qui sont nécessaires.

En outre, même si certains lui vouent une certaine aversion, il ne sera ni offensé, ni plein de rancœur à leur encontre. Quand on lui adresse un conseil ou une réprimande, il l'acceptera avec joie pour se perfectionner. Ce genre de personne n'aura aucun problème avec les autres. Il comprendra les fautes des autres et les entourera de son affection, et ainsi il gagnera le cœur de la majorité.

Purifier le cœur et le rendre une bonne terre

Afin que nous puissions avoir la douceur spirituelle, nous devons essayer de purifier diligemment notre cœur. Dans Matthieu chapitre 13, Jésus nous a donné la parabole des quatre différents types de sols, les comparant à notre cœur. Toute semence qui tombe le long du chemin d'un sol endurci n'est pas capable de germer et de prendre racine. Un cœur semblable à un tel terrain n'aura pas la foi, même après avoir écouté la Parole de Dieu. Celui qui a ce genre de cœur est têtu, il n'ouvre pas son cœur, même après avoir écouté la vérité, alors il ne peut pas rencontrer Dieu. Même si, peut-être, il va à l'église, il n'est qu'un simple pratiquant. La parole n'est pas plantée en lui, alors sa foi ne peut pas germer, prendre racine et pousser.

La graine tombée dans les endroits pierreux peut germer aussitôt, mais elle ne peut pas pousser et donner de la récolte, à cause du terrain rocheux. Celui qui a un cœur pareil n'a pas l'assurance de la foi, même après avoir écouté la parole de Dieu. Quand il sera éprouvé, il échouera et succombera. Il connaît Dieu et reçoit aussi la plénitude de l'Esprit, pour cela, il est mieux que la terre qui se trouve le «long du chemin.» Mais, parce que son cœur n'a pas mûri dans la vérité, il va flétrir et mourir et les œuvres qui suivent la croissance ne se manifesteront pas.

Dans le champ épineux, les graines peuvent germer et pousser, mais à cause des épines, elles ne peuvent pas porter de fruits. Celui qui a un tel cœur, semblable à ce terrain, a ses désirs, les tentations de l'argent, les soucis de ce monde et ses plans et pensées personnels, alors il ne peut pas expérimenter la puissance de Dieu dans chaque chose.

La graine qui tombe dans la bonne terre peut pousser et donner du fruit, un grain trente, un autre soixante, un autre cent fois plus que la graine d'origine. Celui qui a ce cœur obéira, uniquement avec «Oui» et «Amen», à la parole de Dieu qu'il entend afin qu'il puisse toujours porter des fruits abondants dans n'importe quelle chose. C'est le genre de cœur plein de bonté que Dieu demande.

Vérifions quel genre de cœur nous avons. Bien sûr, il est difficile de faire une distinction exacte entre différents cœurs, comme si nous les mesurons avec une échelle; qu'il soit comme la terre qui se trouve le long du chemin, celle du sol rocheux, celle d'un champ épineux, ou la bonne terre. 'Le long du chemin' peut aussi avoir des endroits rocheux; et même si nous avons de la bonne terre, les contrevérités, qui sont comme des rochers, peuvent s'introduire dans notre cœur pendant que nous grandissons.

Mais quel que soit le genre de la 'terre' de notre cœur, si nous le purifions diligemment, nous pouvons le rendre une bonne terre. De même, peu importe le genre du cœur que nous avons, ce qui importe le plus c'est combien nous essayons de purifier soigneusement notre cœur.

Tout comme le fermier extirpe les rochers, arrache les mauvaises herbes, et fertilise le sol pour en faire un bon terrain, tout en espérant une récolte abondante, de même nous, si nous enlevons de notre cœur les formes du mal comme la haine, l'envie, la jalousie, les querelles, les jugements et les condamnations, notre cœur sera une bonne terre, riche en bonté et en douceur.

Prier avec foi jusqu'à la fin et rejeter le Mal

Afin de purifier notre cœur, nous devons d'abord et avant tout adorer Dieu en esprit et en vérité, et écouter la Parole de Dieu et la comprendre. En outre, nous devons nous réjouir toujours, même dans les difficultés, prier sans cesse, et rendre grâces en toute circonstance tout en nous efforçant de nous dépouiller du mal de notre cœur.

Si nous demandons la force de Dieu à travers des prières ferventes et essayons de vivre par la parole, alors nous pourrons recevoir la grâce et la force de Dieu ainsi que l'aide de l'Esprit Saint, afin que nous puissions rapidement rejeter le mal.

Même si la terre est très bonne, si nous ne semons pas les graines et nous ne prenons pas soin de la récolte, alors, nous n'aurons aucune moisson. En outre, il y a une chose importante: nous ne devrions pas essayer une ou deux fois et puis nous arrêter, mais prier avec foi jusqu'à la fin. Puisque la foi est une ferme assurance des choses qu'on espère (Hébreux 11:1), nous devons essayer diligemment et prier avec foi. C'est seulement à ce moment-là que nous serons capables de récolter en abondance.

En outre, dans le processus du dépouillement des formes du mal de nos cœurs, nous pouvons penser que nous avons rejeté le mal dans une certaine mesure. Mais alors il semble que le mal ne tarde pas à refaire surface. C'est exactement comme lorsque nous épluchons la peau des oignons. Même après avoir épluché les couches deux fois, l'oignon garde toujours le même type de peau. Toutefois, si nous ne cédons pas, mais par contre nous continuons à renoncer au mal jusqu'à la fin, nous aurons enfin un cœur débonnaire dépourvu de tout mal.

La Douceur de Moïse

Quand Moïse guidait les Israélites à la terre de Canaan pendant les quarante années de l'Exode, il a affronté plusieurs situations difficiles.

Seuls les hommes adultes comptaient 600.000. Avec les femmes et les enfants, le nombre avait dû dépasser les deux millions. Moïse devait guider tant de gens, pendant quarante ans, dans le désert où il n'y avait ni eau ni nourriture. Nous pouvons imaginer combien d'obstacles difficiles il avait à surmonter!

Derrière eux, il y avait l'armée de l'Egypte qui les poursuivait (Exode 14:9), et devant eux c'était la mer Rouge. Mais Dieu mit la mer à sec, et les eaux se fendirent pour que les enfants d'Israël puissent entrer au milieu de la mer à sec (Exode 14:21-22).

Quand il n'y avait pas d'eau potable, Dieu fit que l'eau s'écoula du rocher (Exode 17:6). Dieu changea aussi l'eau amère en eau douce (Exode 15:23-25). Quand il n'y avait pas de nourriture, Dieu envoya la manne et les cailles pour les nourrir (Exode chapitre 14-17).

Cependant les Israélites se plaignaient contre Moïse à chaque fois qu'ils avaient une difficulté, même après avoir témoigné de la puissance du Dieu vivant.

Les enfants d'Israël leur dirent: Que ne sommes-nous morts par la main de l'Éternel dans le pays d'Égypte, quand nous étions assis près des pots de viande, quand nous mangions du pain à satiété? car vous nous avez menés dans ce désert pour faire mourir de faim toute cette multitude (Exode 16:3).

Le peuple était là, pressé par la soif, et murmurait contre Moïse. Il disait: Pourquoi nous as-tu fait monter hors d'Égypte, pour me faire mourir de soif ,moi, mes enfants et mes troupeaux? (Exode 17:3)

Vous murmurâtes dans vos tentes, et vous dîtes: C'est parce que l'Éternel nous hait, qu'il nous a fait sortir du pays d'Égypte, afin de nous livrer entre les mains des Amoréens et de nous détruire (Deutéronome 1:27).

Certains d'entre eux avaient même essayé de lapider Moïse. Moïse devait rester avec ce genre de personnes pendant quarante ans, leur enseigner la vérité et les guider vers la terre de Canaan. Juste avec ce seul fait, nous pouvons imaginer combien Moïse était débonnaire.

C'est pourquoi Dieu le loua dans Nombres 12:3, en disant: «*Or, Moïse était un homme fort patient, plus qu'aucun homme sur la face de la terre.*»
Mais, Moïse n'était pas si débonnaire depuis le début. Avant,

son tempérament était différent: il avait le tempérament de tuer un Égyptien qui maltraitait un homme hébreu. Il avait également une grande confiance en soi pour avoir été un prince d'Egypte. Mais il s'humilia et s'abaissa complètement, pendant qu'il faisait paître les troupeaux dans le désert de Madian durant quarante ans.

A cause de son meurtre d'un Egyptien, il avait dû quitter le palais du Pharaon et devint ainsi un fugitif. Finalement, durant la période passée dans le désert, il avait pu se rendre compte qu'il ne pouvait rien faire de sa propre puissance. Or, après avoir passé ce temps à se perfectionner, il devint cette personne débonnaire capable de comprendre n'importe quelle personne.

Différence entre douceur charnelle et spirituelle

Généralement, ceux qui sont débonnaires, dans un sens charnel, ont un caractère calme et timide. Ils ne peuvent accepter aucun genre de bruit fracassant ou de musique bruyante.

Ainsi, nous pourrions voir qu'ils sont un peu indécis, même quand il s'agit de contrevérités. Quand ils affrontent certaines situations gênantes, ils peuvent les réprimer, sans les extérioriser, mais ils souffrent au fond d'eux-mêmes. Dans le cas où une situation gênante dépasse la limite de ce qu'ils peuvent tolérer, ils peuvent exploser à la surprise de nombreuses personnes. En outre, dans leurs responsabilités, ils n'ont pas la passion pour être fidèles, alors à la fin ils ne portent pas de fruits.

Etre timide et avoir un caractère introverti de la sorte n'est pas ce caractère débonnaire qui plaît à Dieu. Les hommes peuvent penser que c'est ça être débonnaire, mais aux yeux de Dieu, qui sonde le cœur, une personne qui a ce genre de caractère ne peut pas être reconnue comme débonnaire.

Mais, tout comme la bonne terre peut produire une récolte abondante, ceux dont le cœur atteint la douceur spirituelle, en dépouillant leur cœur de toute contrevérité, donneront des fruits abondants dans différents aspects de l'évangélisation et du réveil.

En outre, spirituellement parlant, ils porteront le fruit de la lumière (Ephésiens 5:9), les fruits de l'amour spirituel (1 Corinthiens chapitre 13:4-7), et le fruit du Saint-Esprit (Galates 5:22-23). De cette façon, ils deviennent des hommes spirituels, pour cela ils reçoivent rapidement des réponses à leurs prières.

Avant tout, ceux qui sont spirituellement débonnaires sont forts et courageux dans la vérité. Quand ils ont à enseigner la vérité, ils peuvent être sévères dans l'enseignement. Quand ils voient ces âmes qui commettent des péchés devant Dieu, ils peuvent aussi avoir la force et l'audace de réprimander et de corriger avec amour qui que ce soit.

Par exemple Jésus, le plus débonnaire de tous, n'admettait pas ce qui n'était pas juste selon la vérité, Il réprimanda les gens durement. Il ne toléra pas le fait qu'ils profanaient le temple de Dieu.

Il trouva dans le temple les vendeurs de bœufs, de

brebis et de pigeons, et les changeurs assis. Ayant fait un fouet avec des cordes, il les chassa tous du temple, ainsi que les brebis et les bœufs; il dispersa la monnaie des changeurs, et renversa les tables; et il dit aux vendeurs de pigeons: Otez cela d'ici, ne faites pas de la maison de mon Père une maison de trafic (Jean 2:14-16).

En outre Il avait réprimandé sévèrement les pharisiens et les scribes, qui enseignaient des contrevérités, allant à l'encontre de la parole de Dieu (Matthieu 12:34; 23:13-35; Luc 11:42-44).

Le Niveau de la douceur spirituelle

Il est à savoir que la douceur est l'une des caractéristiques de l'amour spirituel, selon 1 Corinthiens chapitre 13, et aussi la douceur spirituelle est parmi les neuf fruits de l'Esprit Saint (Galates chapitre 5).

Alors, quelle différence y a-t-il entre ces deux et la douceur signalée dans les Béatitudes? Bien sûr, les trois ne sont pas complètement différentes. La signification de base est qu'il faut être doux et gentil, tout en ayant l'amour et la vertu. Mais l'intensité et l'ampleur de chacune sont différentes.

Tout d'abord, la douceur dans l'amour spirituel est le niveau le plus élémentaire de la douceur pour accomplir l'amour. La douceur dans les neuf fruits de l'Esprit Saint a un sens plus large, c'est la douceur dans chaque chose.

Dans les fruits de l'Esprit, la douceur est le fruit provenant du cœur, et quand apparaît l'effet de ce fruit et apporte des bénédictions, alors ce sera la douceur évoquée dans les Béatitudes. Par exemple, nous pouvons dire que lorsque nous avons de bons fruits abondants sur un bel arbre, nous parlons des «fruits de l'Esprit Saint»; mais quand nous prenons les fruits pour le bénéfice de notre corps, ce seront les fruits des Béatitudes. Par conséquent, nous pouvons dire que la douceur dans les Béatitudes est d'un niveau supérieur.

Les bénédictions données aux débonnaires spirituels

Comme il est dit dans Mathieu 5:5: *«Heureux les débonnaires, car ils hériteront la terre»*, si nous avons une douceur spirituelle, nous hériterons la terre.

Ici, «hériter la terre» ne signifie pas que nous recevrons des terrains sur cette terre, mais dans le royaume éternel du ciel (Psaume 37:29).

Un héritage est l'acquisition d'un bien, d'un état, ou d'un titre des générations passées. La propriété d'un héritage est généralement plus reconnue par les gens que les autres propriétés achetées avec l'argent.

Par exemple, si une personne a un terrain transmis dans la

famille par voie successorale de génération en génération, alors tous les voisins le savent déjà. La famille va le garder comme quelque chose de précieux et va le transmettre à leurs enfants. Par conséquent, hériter la terre signifie que nous allons la recevoir comme notre terrain à coup sûr.

Alors, pour quelle raison Dieu donne la terre dans le royaume céleste à ceux qui ont une douceur spirituelle? Psaume 37:11 dit: «*Les misérables possèdent le pays, et ils jouissent abondamment de la paix.*» Comme il est dit, c'est parce que ceux qui sont débonnaires ont la vertu et soutiennent beaucoup de personnes.

Celui qui est débonnaire peut pardonner les fautes des autres, les comprendre et les entourer de son affection, de sorte que beaucoup de gens peuvent se sentir bien avec lui et jouir de la paix avec lui.

Quand quelqu'un gagne les cœurs de plusieurs personnes, cela devient une autorité spirituelle pour lui, et même dans le royaume céleste, il recevra une grande autorité. Ainsi, naturellement il héritera un grand terrain.

L'Autorité spirituelle pour hériter la terre dans le royaume céleste

Dans ce monde, nous pouvons gagner l'autorité seulement quand nous avons la richesse et la célébrité, mais dans le royaume céleste, l'autorité spirituelle est donnée à ceux qui sont humbles et servent les autres.

Il n'en sera pas de même au milieu de vous. Mais quiconque veut être grand parmi vous, qu'il soit votre serviteur; et quiconque veut être le premier parmi vous, qu'il soit votre esclave. C'est ainsi que le Fils de l'homme est venu, non pour être servi, mais pour servir et donner sa vie comme la rançon de beaucoup (Mathieu 20:26-28).

Je vous le dis en vérité, si vous ne vous convertissez et si vous ne devenez comme les petits enfants, vous n'entrerez pas dans le royaume des cieux. C'est pourquoi, quiconque se rendra humble comme ce petit enfant sera le plus grand dans le royaume des cieux (Mathieu 18:3-4).

Si nous devenons comme des enfants, nous rendrons nos cœurs humbles au plus bas possible. Alors, de cette façon nous allons gagner le cœur de beaucoup de gens sur cette terre, et nous deviendrons de ceux qui sont grands dans le ciel.

De même, puisque nous acceptons beaucoup de gens avec une douceur spirituelle, Dieu nous donne de vastes étendues de terres en conséquence pour jouir de l'autorité pour toujours. Si nous ne gagnons pas de vastes terres dans le ciel, comment de grandes et d'excellentes maisons peuvent être construites?

Supposons que nous avons fait de nombreuses œuvres pour Dieu et reçu de nombreux matériaux pour construire notre maison dans le ciel, mais si nous avons seulement une petite parcelle de terre, nous ne pouvons pas construire une si grande maison.

Par conséquent, ceux qui vont dans la Nouvelle Jérusalem leur seront données de grandes parcelles de terre, parce qu'ils auront accompli la douceur spirituelle complètement. Et comme leur part de terrain est grande, leurs maisons seront aussi grandes et belles.

En outre, pour chaque maison, de la manière la plus convenable, il y aura des installations naturelles comme les jardins magnifiquement entretenus, lacs, vallées et collines. Il y aura également d'autres installations comme les piscines, terrains de jeux, salles de bal, etc. Cela traduit le soin de Dieu pour que le propriétaire de la maison puisse inviter ceux qu'il avait entourés et aidés afin de grandir en esprit, et pour qu'il puisse préparer des banquets et partager leur amour éternellement.

Même aujourd'hui, Dieu est diligemment à la recherche de ceux qui sont débonnaires. C'est pour leur accorder les responsabilités afin d'entourer tant d'âmes, les conduire à la vérité et leur donner de vastes parcelles de terre comme héritage dans le royaume éternel du ciel. Par conséquent, travaillons diligemment pour accomplir la sanctification et la douceur du cœur afin que nous soyons en mesure d'hériter des terres immenses dans le royaume des cieux.

Chapitre 4
La Quatrième Bénédiction

Heureux ceux qui ont faim et soif de la justice, car ils seront rassasiés

Mathieu 5:6

«Heureux ceux qui ont faim et soif de la justice,

car ils seront rassasiés!»

Un dicton coréen dit: «Si quelqu'un reste trois jours sans manger, il deviendra un voleur.» Cela nous parle de la peine due au fait d'être affamé. Même l'homme le plus fort ne peut rien faire s'il est accablé par la famine.

Ce n'est pas facile de manquer deux fois le repas, alors imaginez ce qui arrivera si vous restez sans manger pendant un, deux ou trois jours.

Tout d'abord, vous sentez que vous avez faim, mais avec le temps qui passe, vous aurez un mal de ventre, et vous pourrez aussi avoir des sueurs froides. Vous allez commencer à avoir mal partout, et votre organisme ne fonctionnera pas bien, il va se détériorer. Vous aurez un extrême désir de nourriture dans cette situation. Si cette situation subsiste, vous pourrez même perdre votre vie.

Même de nos jours, il y a des gens qui souffrent de grave famine et durant les guerres ils mangent même les plantes vénéneuses. Nombreux sont ceux qui continuent à vivre au jour le jour cherchant quelque chose à manger dans les poubelles et dans les tas d'ordures.

Mais, ce qui est plus insupportable que la faim est la soif. Il est communément connu que l'eau constitue 70% du corps humain. Si nous perdons 2% seulement du liquide de notre corps, nous aurons une soif sérieuse. Si nous perdons 4%, le corps deviendra faible, et nous pourrons même perdre conscience. Si nous perdons 10%, il est possible que nous mourions.

L'eau est un élément absolument essentiel pour le corps

humain. En raison de la soif extrême, certaines personnes qui voyagent à travers le désert, sous le soleil brûlant, suivront un mirage pensant qu'ils voient une oasis, et perdront leur vie.

De cette façon, avoir faim et soif est une chose véritablement douloureuse, et peut même causer notre mort. Alors, pourquoi Dieu dit *«heureux sont ceux qui ont faim et soif de justice?»*

Ceux qui ont faim et soif de la justice

La justice est le substantif provenant de: être juste. Le Dictionnaire électronique Merriam-Webster définit le terme «juste» comme «le fait d'agir en accord avec la loi divine ou morale: sans culpabilité ou péché.» Autour de nous, nous pouvons voir des gens qui sacrifient même leur vie pour garder un mauvais type de justice entre amis. Ils protestent également contre les irrégularités sociales insistant que leur croyance est la justice.

Mais la justice de Dieu est quelque chose de différent. C'est suivre la volonté de Dieu et pratiquer Sa parole qui est la bonté et la vérité elle-même. Elle se réfère à toutes les étapes que nous avons à prendre jusqu'à ce que nous récupérions complètement l'image perdue de Dieu, et devenions sanctifiés.

Ceux qui ont faim et soif de la justice trouvent leur plaisir dans la loi de l'Éternel Dieu, et la méditent jour et nuit comme c'est écrit dans le Psaume 1:1-2. C'est parce que la parole de Dieu contient la volonté de Dieu et le genre d'œuvres qui sont justes. En outre, tout comme la confession du Psalmiste, ils languissent après la parole de Dieu et la méditeront jour et nuit. Il ne s'agit pas seulement de la garder comme connaissance, mais de l'appliquer dans leur vie.

Mes yeux languissent après ton salut, Et après la promesse de ta justice (Psaume 119:123).

Je devance l'aurore et je crie; J'espère en tes promesses. Je devance les veilles et j'ouvre les yeux, Pour méditer ta parole (Psaume 119:147-148).

Si nous avons vraiment connu l'amour de Dieu, nous languissons sincèrement après sa parole, et par conséquent aurons faim et soif de la justice. C'est parce que nous comprenons que le Fils unique de Dieu, Jésus, qui était sans défaut et sans tache, avait pris les souffrances de la croix pour nous, pour nous racheter, nous qui étions tous pécheurs, de nos péchés et nous donner la vie éternelle.

Si nous croyons cet amour de la croix, nous ne pouvons que vivre par la parole de Dieu. Nous pensons, «Comment puis-je rendre l'amour du Seigneur et plaire à Dieu? Comment puis-je faire ce que Dieu veut?» Comme une biche soupire après des courants d'eau, ainsi nous allons rechercher le genre de justice que Dieu veut.

Ainsi, comme nous entendons la parole, nous obéissons

diligemment, nous renonçons aux péchés, et pratiquons la vérité.

Les œuvres de ceux qui ont faim et soif de la justice

Par la puissance de Dieu, j'avais été guéri de nombreuses maladies incurables. C'est ainsi que j'ai rencontré Dieu, je languissais après la parole de Dieu qui m'avait donné une nouvelle vie. Pour en savoir plus et comprendre plus, j'avais assisté à chaque réunion de réveil et j'avais cherché Dieu pour le rencontrer de plus près.

J'aime ceux qui m'aiment, Et ceux qui me cherchent me trouvent (Proverbes 8:17).

Comme j'ai réalisé, au travers des sermons, la volonté de Dieu au sujet de garder le sabbat, donner la dîme complètement, et ne se présenter point à vide devant Dieu (Exode 23:15), j'ai essayé de pratiquer assidûment la parole. Je rendis grâces à Dieu qui m'avait guéri et m'avait sauvé, et j'avais soif de pratiquer la parole de Dieu.

Comme le processus de pratiquer la justice de Dieu commença, je réalisais que j'avais la haine dans mon cœur. Puis j'avais pensé: «Que suis-je pour avoir la capacité de haïr quelqu'un?»

J'avais la haine contre ceux qui m'avaient blessé pendant que j'étais sur mon lit de malade pendant sept ans, mais comme j'avais réalisé l'amour de Jésus, qui avait été crucifié et avait versé son sang et eau pour moi, j'avais prié fort pour renoncer à la haine.

Invoque-moi, et je te répondrai; Je t'annoncerai de grandes choses, des choses cachées, Que tu ne connais pas (Jérémie 33:3).

Alors que je priais et je pensais du point de vue des autres, j'avais pu voir que, dans leur situation, ils pouvaient agir de cette façon.

Comme je pensais combien ils devaient avoir le cœur brisé en voyant mon désespoir, toute la haine en moi fondit et je devins capable d'aimer toute sorte de personne du fond de mon cœur.

En outre, j'avais gardé à l'esprit les paroles de la Bible nous disant qu'il y a certaines choses que nous devons «faire», «ne pas faire», «garder» et «rejeter.» Je les avais mis en pratique. J'avais noté sur un cahier chacune de ces natures pécheresses que je devais rejeter et je commençais à m'en dépouiller par des prières et par le jeûne. Chaque fois que j'étais sûr d'avoir rejeté un péché, je le barrais avec un stylo rouge. Enfin, il m'a fallu trois ans pour barrer toutes les natures pécheresses que j'avais écrites sur un cahier.

1 Jean 3:9 dit: *«Quiconque est né de Dieu ne pratique pas le péché, parce que la semence de Dieu demeure en lui; et il ne peut pécher, parce qu'il est né de Dieu.»* Quand on a faim et soif de la justice et que nous obéissons et pratiquons la parole de Dieu, ce sera la preuve que nous appartenons à Dieu.

Manger la chair et boire le sang du Fils de l'Homme

Quelle est la chose la plus nécessaire pour ceux qui ont faim et soif? Bien sûr c'est la nourriture pour apaiser la faim et la boisson pour étancher la soif. Elles seront encore plus précieuses que toute pierre précieuse.

Deux marchands entraient dans une tente dans un désert. Petit à petit, ils commençaient à se vanter des bijoux qu'ils avaient. Un nomade arabe qui les surveillait leur raconta son histoire.

Ce nomade aimait beaucoup les bijoux. Alors qu'il traversait le désert, il affronta une tempête de sable. Il ne pouvait pas manger pendant plusieurs jours et il était épuisé. Il trouva un sac et l'ouvrit. Il était rempli de perles qu'il aimait tant.

Était-il vraiment heureux de trouver les perles qu'il aimait tant? Pas vraiment, par contre il était en grand désespoir. Ce dont il avait le plus besoin à ce moment n'était pas des perles, mais la nourriture et l'eau. A quoi serviront les perles lorsque vous mourrez de faim?

C'est de même avec l'esprit. Dans Jean 6:55, Jésus dit: *«Car ma chair est vraiment une nourriture, et mon sang est vraiment un breuvage.»* En outre, Il dit dans Jean 6:53: *«En vérité, en vérité, je vous le dis, si vous ne mangez la chair du Fils de l'homme, et si vous ne buvez son sang, vous n'avez point la vie en vous-mêmes.»*

Ce dont nous avons besoin pour notre esprit est de gagner la vie spirituelle et de jouir de la bénédiction de la plénitude en mangeant la chair et buvant le sang de Jésus. Ici, la chair du Fils de l'homme, Jésus, symbolise la parole de Dieu. Manger sa chair signifie prendre la parole de Dieu écrite dans les soixante-six livres de la Bible et la garder à l'esprit. Boire le sang de Jésus, c'est prier avec foi et pratiquer la parole dès que nous la lisons, l'entendons, et l'apprenons.

Le Processus de la croissance de ceux qui ont faim et soif de la justice

1 Jean, chapitre 2, nous donne une description détaillée de la croissance dans la foi spirituelle et de la conservation de la vie éternelle en mangeant la chair et buvant le sang du Fils de l'Homme.

Je vous écris, petits enfants, parce que vos péchés vous sont pardonnés à cause de son nom. Je vous écris, pères, parce que vous avez connu celui qui est dès le commencement. Je vous écris, jeunes gens, parce que vous avez vaincu le malin. Je vous ai écrit, petits enfants, parce que vous avez connu le Père. Je vous ai écrit, pères, parce que vous avez connu celui qui est dès le commencement. Je vous ai écrit, jeunes gens, parce que vous êtes forts, et que la parole de Dieu demeure en vous, et que vous avez vaincu le malin (1 Jean 2:12-14).

Quand un homme qui ne connaît pas Dieu accepte Jésus-Christ et reçoit le pardon des péchés, il reçoit l'Esprit Saint et ensuite le droit de devenir enfant de Dieu. Cela signifie qu'il est devenu comme un bébé nouveau-né.

Quand un bébé grandit et devient un enfant, il va connaître la volonté de Dieu de plus en plus; c'est comme un enfant qui reconnaît sa maman et son papa, mais il ne peut pas vraiment pratiquer la parole complètement. C'est juste comme les enfants qui aiment leurs parents, mais leurs pensées ne sont pas profondes et ne peuvent pas comprendre parfaitement le cœur de leurs parents.

Après qu'une personne dépasse la période de l'enfance spirituelle, elle devient un jeune adulte dans l'esprit armé de la parole et de la prière. Elle sait ce qu'est le péché, et apprend la volonté de Dieu. Les jeunes adultes sont énergiques, et ils ont aussi leurs propres opinions qui sont souvent fortes. Alors, ils ont tendance à faire des erreurs, mais ils ont la confiance et la force motrice pour atteindre leur but.

Durant la période de jeunesse spirituelle, les croyants aiment Dieu et ont une foi solide, de telle sorte que les choses matérielles du monde ne les attirent pas. Ils sont pleins de l'Esprit, mettent leur espérance dans le royaume céleste, et luttent contre les péchés parce qu'ils écoutent la parole.

Ils ont la force et l'audace pour résister aux épreuves et aux tentations. La parole de Dieu habite en eux, pour cela ils peuvent vaincre l'ennemi diable et le monde, et ils remportent toujours la victoire.

Comme ils dépassent le stade adulte et deviennent comme un père, ils seront mûrs. Grâce à leurs expériences, ils peuvent réfléchir à tous les aspects avant de prendre une décision et avancent un bon jugement dans chaque situation. Ils obtiennent aussi la sagesse pour agir avec modestie de temps en temps.

Beaucoup de gens disent qu'ils ne peuvent comprendre le cœur de leurs parents que lorsqu'ils deviennent eux-mêmes parents et se chargent d'élever des enfants. De même, quand nous devenons des pères spirituels, c'est à ce moment-là seulement que nous pouvons comprendre l'origine de Dieu, et ainsi nous pouvons comprendre la providence de Dieu et possédons une foi de niveau supérieur.

Un père spirituellement est une personne qui est à un niveau lui permettant de comprendre l'origine de Dieu et tous les autres secrets du monde spirituel, y compris la création des cieux et la terre. Parce qu'il connaît le cœur et la volonté de Dieu, il peut obéir exactement selon le cœur de Dieu, et par suite, il va recevoir l'amour et les bénédictions de Dieu. Il peut recevoir toutes sortes de bénédictions dont la santé, la célébrité, le pouvoir, la richesse, la bénédiction des enfants, etc.

La Bénédiction d'être spirituellement rassasié

Après notre renaissance en tant qu'enfants de Dieu, autant que nous prenons la vraie nourriture et la vraie boisson, nous pouvons grandir spirituellement et nous enfoncer dans les profondeurs spirituelles. Au fur et à mesure que nous nous enfonçons dans cette profondeur spirituelle, nous pourrons plus facilement régner sur l'ennemi diable et Satan, et aussi, nous serons capables de comprendre la profondeur du cœur de Dieu le Père.

Nous serons capables de communiquer clairement avec Dieu et nous serons guidés par l'Esprit Saint dans toutes les choses pour que nous soyons prospères en toutes choses. La vie de communication avec Dieu, par la plénitude de l'Esprit Saint, est la bénédiction d'être rassasié; cette bénédiction est accordée à ceux qui ont faim et soif de la justice.

Comme il est dit dans Mathieu 5:6: *«Heureux ceux qui ont faim et soif de la justice, car ils seront rassasiés»,* ceux qui sont rassasiés n'ont aucune raison pour rencontrer des tests ou des épreuves.

Même s'il y a des obstacles, Dieu nous aidera pour les éviter par l'aide de l'Esprit Saint qui nous guide. Même si nous affrontons des difficultés, Dieu nous permettra de savoir les moyens pour en sortir. Comme notre âme prospère, toutes les choses iront bien avec nous, et nous allons être en bonne santé, nous serons guidés à la prospérité en toutes choses afin que nos lèvres soient pleines de témoignages.

Si nous sommes guidés de la sorte par l'Esprit Saint, nous allons recevoir la force pour remarquer facilement les péchés et le mal et pour les rejeter. Et ainsi, nous pouvons courir vers la sanctification. Dans le processus de la sanctification dans notre vie chrétienne, il n'est pas facile parfois de trouver des choses qui sont très enracinées dans notre cœur ou même les très fines et petites iniquités.

Dans cette situation, si le Saint-Esprit illumine sa lumière sur nous, nous pourrons réaliser ce que nous devons faire et l'achever. Nous pouvons alors aller dans des niveaux plus élevés de la foi.

En outre, bien que nous ne pratiquions pas les contrevérités et que nous ne commettions pas les péchés, dans certaines situations nous ne réalisons pas peut-être quelle est la voie qui plaît le plus à Dieu. Dans ces cas, si nous réalisons ce qui plaît à Dieu le plus par les œuvres de l'Esprit Saint et si nous le faisons, notre âme va prospérer encore plus.

L'Importance de la vraie nourriture et la vraie boisson

Un croyant se trouvait en grand désespoir parce qu'il avait des centaines de milliers de dollars de dettes. Mais après, il avait voulu aller devant Dieu et s'accrocher à lui. Comme il croyait que Dieu lui était le dernier espoir, il commençait à prier et à écouter la parole de Dieu avec un coeur ardent.

Sur le chemin du travail, il écoutait les cassettes de sermons; chaque jour, il lisait au moins un chapitre de la Bible et mémorisait un verset biblique. Ainsi, il méditait la parole de Dieu à chaque instant de la journée et l'appliquait.

Mais cela ne signifie pas que la porte des bénédictions s'ouvrit immédiatement. Comme il cherchait sincèrement la volonté de Dieu et priait avec ferveur, sa foi grandissait. Son âme avait prospéré, et les bénédictions avaient commencé à apparaître dans son entreprise. Aussitôt, il fut capable de rembourser les centaines de milliers de dollars de dettes qu'il devait payer. Aujourd'hui sa dîme est toujours en augmentation.

De même, si nous avons vraiment faim et soif de la justice, nous allons accomplir la justice tout comme ceux qui ont faim et soif cherchent de la nourriture et de l'eau. En conséquence, nous allons recevoir les bénédictions de la santé et la richesse. Nous allons recevoir la plénitude et l'inspiration de l'Esprit Saint et nous allons pouvoir communiquer avec Dieu. Nous serons en mesure d'accomplir parfaitement le royaume de Dieu.

«Combien je pense à Dieu, je lis et je médite sa Parole tous les jours?»

«Combien je prie sincèrement et j'essaye de pratiquer la parole de Dieu?»

Examinons-nous nous-mêmes de la sorte, et ayons faim et soif de la justice jusqu'à ce que le Seigneur revienne, pour que nous recevions la bénédiction d'être spirituellement rassasiés par Dieu le Père.

Ensuite, nous serons capables de communiquer profondément

avec Dieu et nous serons conduits dans la voie d'une vie prospère. Et plus important encore, nous atteindrons un endroit glorieux dans le royaume céleste.

Chapitre 5
La Cinquième Bénédiction

Heureux les miséricordieux,
car ils obtiendront miséricorde!

Mathieu 5:7

«Heureux les miséricordieux,

car ils obtiendront miséricorde!»

Jean Valjean, le héros du roman Les Misérables, fut jeté en prison pendant dix-neuf ans tout simplement pour avoir volé une miche de pain. Après avoir été relâché, un prêtre lui fournit de la nourriture et un abri, mais Jean Valjean lui vola un chandelier d'argent et s'enfuit. Il fut capturé et amené au prêtre par la police.

Pour sauver Jean Valjean et le protéger contre la police, le prêtre dit que ce fut lui qui avait donné à Jean Valjean le chandelier. Et il s'adressa à Jean Valjean en lui disant: «Pourquoi n'avez-vous pas pris la soucoupe?» Il fit ainsi pour que le détective ne se doutât de rien.

Grâce à cet incident, Jean Valjean apprit le vrai amour et le pardon, et commença à mener une nouvelle vie. Mais l'inspecteur Javert suivit Valjean et lui causa des moments difficiles tout au long de sa vie. Plus tard, Valjean sauva le détective d'être tué par un coup de feu. Il dit: «Il y a beaucoup de choses qui sont immenses comme la mer, la terre et le ciel, mais le pardon est le plus immense.»

Etre miséricordieux envers les autres

Si nous pardonnons aux autres avec miséricorde, nous pourrons toucher leurs cœurs et il pourra y avoir un changement dans leur cœur. Que signifie la miséricorde?

C'est le genre de cœur de pardonner du fond du cœur et prier et donner des conseils avec amour pour quelqu'un, même s'il commet des péchés ou nous rend la vie dure. C'est semblable à la bonté dans les neuf fruits de l'Esprit Saint, dans Galates chapitre 5, mais c'est plus profond que cela.

La bonté est le cœur de suivre seulement le bien sans avoir aucun mal, et elle est clairement visible à travers le cœur de Jésus qui n'avait ni contesté ni crié.

> *Il ne contestera point, il ne criera point, Et personne n'entendra sa voix dans les rues. Il ne brisera point le roseau cassé, Et il n'éteindra point le lumignon qui fume, Jusqu'à ce qu'il ait fait triompher la justice* (Mathieu 12:19-20).

Ne point briser le roseau cassé signifie que même si quelqu'un fait le mal, le Seigneur ne le punira pas immédiatement, mais le supportera jusqu'à ce qu'il reçoive le salut. Par exemple, Jésus savait que Judas Iscariot allait le vendre plus tard, toutefois il l'avait conseillé avec amour et essayé de lui faire comprendre jusqu'à la fin.

En outre, ne point éteindre le lumignon qui fume signifie que Dieu n'abandonne pas ses enfants immédiatement, même s'ils ne vivent pas selon la vérité. Comme nous ne sommes pas parfaits, nous pouvons commettre des péchés. Cependant, Dieu nous éclairera, nous permettra de nous en rendre compte grâce à l'Esprit Saint, et il nous supportera jusqu'à la fin pour que nous changions à travers la vérité.

La «Miséricorde» c'est comprendre les autres, leur pardonner, et les guider vers le droit chemin avec ce cœur du Seigneur, même si ces personnes nous font le mal sans aucune raison. La miséricorde consiste à ne pas penser à partir de notre propre point de vue et pour notre propre bénéfice, mais penser d'après le point de vue des autres. Ainsi nous pourrons alors comprendre les autres et leur manifester la miséricorde.

Jésus pardonna la femme adultère

Dans Jean Chapitre 8, les pharisiens et les scribes ramenèrent devant Jésus une femme saisie en adultère. Voulant éprouver Jésus, ils lui dirent: *«Moïse, dans la loi, nous a ordonné de lapider de telles femmes: toi donc, que dis-tu?»* (v. 5) Imaginez seulement cette situation. La femme, qui avait commis l'adultère, devait être en train de trembler de honte parce que son péché fut révélé devant tout le monde et de peur parce que la mort l'attendait.

Ces scribes et pharisiens avaient de mauvaises intentions et ne se souciaient pas de cette femme apeurée. Ils étaient plutôt fiers qu'ils pouvaient désormais piéger Jésus. Et probablement, certaines de ces personnes qui assistaient à la scène avaient déjà ramassé quelques pierres pour juger la femme et la lapider conformément à la Loi.

Que fit Jésus? Il s'abaissa tout doucement, et écrivit avec le doigt sur la terre. Il écrivit sur la terre les péchés communs à tous ceux qui étaient présents là. Puis, il se releva et leur dit: *«Que celui de vous qui est sans péché jette le premier la pierre contre elle»* (v. 7).

Alors, les juifs se rappelèrent de leurs péchés et, accusés par leur conscience, honteux, ils se retirèrent un à un. Et Jésus resta seul avec la femme qui était là au milieu. Jésus lui pardonna son péché et lui dit: *«Je ne te condamne pas non plus: va, et ne pèche plus»* (v. 11). Cela devrait être inoubliable pour la femme pour toute sa vie. Probablement, elle n'aurait commis aucun péché depuis ce moment-là.

De même, la miséricorde peut se manifester sous différentes formes, et elle peut être classée en plusieurs catégories: la miséricorde du pardon, la miséricorde du châtiment, et la miséricorde du salut.

La Miséricorde infinie du salut

Ceux qui ont accepté Jésus-Christ comme leur Sauveur ont déjà reçu la grande miséricorde de Dieu. Sans la miséricorde de Dieu, nous ne pouvons que tomber en enfer et y souffrir éternellement à cause de nos péchés.

Mais Jésus avait versé son sang sur la croix pour racheter l'humanité de ses péchés, et quand nous y croyons, nous pouvons être pardonnés gratuitement et sauvés: c'est la miséricorde de Dieu.

Même maintenant, Dieu attend impatiemment d'innombrables âmes pour atteindre la voie du salut, pareillement à ces parents qui attendent nerveusement leurs enfants qui ont quitté la maison.

En outre, même si quelqu'un blesse fortement les sentiments de Dieu, s'il se repent d'un cœur sincère et s'en détourne, Dieu ne va pas lui adresser des reproches en disant: «Pourquoi tu m'as tellement déçu? Pourquoi as-tu commis tant de péchés?» Dieu l'étreindra tout simplement avec amour.

Venez et plaidons! dit l'Éternel. Si vos péchés sont comme le cramoisi, ils deviendront blancs comme la neige; S'ils sont rouges comme la pourpre, ils deviendront comme la laine (Esaïe 1:18).

Autant l'orient est éloigné de l'occident, Autant il éloigne de nous nos transgressions (Psaume 103:12).

Quand il y a quelqu'un qui avait fait un mal dans le passé, s'il s'était repenti et s'en était déjà détourné, ceux qui sont miséricordieux ne se souviendront pas de sa faute passée, en pensant: «Il a commis une telle grande iniquité avant.» Ils ne vont ni rester loin de lui ni le détester, mais seulement lui pardonner. Ils l'encourageront pour l'aider afin de s'améliorer.

La Parabole du serviteur à qui fut remise la dette de dix mille talents

Un jour, Pierre interrogea Jésus à propos du pardon; il Lui demanda: *«combien de fois pardonnerai-je à mon frère, lorsqu'il péchera contre moi? Sera-ce jusqu'à sept fois?»* (Matthieu 18:21) Pierre pensait que ce fut bien généreux de pardonner jusqu'à sept fois. Jésus répondit: *«Je ne te dis pas jusqu'à sept fois, mais jusqu'à soixante-dix fois sept fois»* (Matthieu 18:22).

Cela ne signifie pas que nous devons pardonner soixante-dix fois sept fois, c'est à dire 490 fois. Sept est le chiffre de la perfection. «Soixante-dix fois sept fois» signifie que notre pardon doit être sans limite et parfait. Puis, Jésus enseigna la miséricorde du pardon en ayant recours à une parabole.

Un roi avait de nombreux serviteurs. Un des serviteurs devait payer au roi dix mille talents, mais il ne pouvait pas rembourser sa dette. A cette époque, un talent valait 6000 deniers. C'est équivalent à un salaire de 6000 jours. C'est la paie de seize ans d'un travail ordinaire.

Supposons qu'une journée de salaire d'un emploi ordinaire est 50.000 wons, soit environ 50 dollars américains. Alors, un talent équivaut à 300.000.000 wons ou approximativement 300. 000 dollars américains. Dix mille talents est alors 3 trillion wons ou 3 milliards de dollars américains. D'où pourrait un serviteur obtenir cette somme d'argent?

Le roi ordonna qu'il fût vendu, lui, sa femme, ses enfants, et tout ce qu'il avait, et que la dette fût acquittée. Le serviteur, se jeta à terre, se prosterna devant le roi et l'implora en disant: *«Seigneur, aie patience envers moi, et je te paierai tout»* (v. 26). Ému de compassion, le maître de ce serviteur le laissa aller, et lui remit la dette.

Ce serviteur, à qui avait été remise une telle grande somme de dettes, rencontra un de ses compagnons qui lui devait 100 deniers. Un denier était la monnaie d'argent de l'empire romain et c'était le salaire d'une journée pour un travail ordinaire. Si nous supposons que 50.000 wons est le salaire d'une journée, la dette totale de cet esclave est juste environ 5 millions de wons, soit environ 5.000 dollars américains. C'est vraiment une petite somme par rapport aux dix mille talents.

Mais le serviteur à qui les dettes furent épargnées saisit son compagnon et l'étrangla, en disant: «Paie ce que tu me dois.» Bien que cet homme demandât la miséricorde, il le jeta en prison.

Quand le roi apprit cela, il fut irrité et dit à ce serviteur sans miséricorde: «*Méchant serviteur, je t'avais remis en entier ta dette, parce que tu m'en avais supplié; ne devais-tu pas aussi avoir pitié de ton compagnon, comme j'ai eu pitié de toi?*» (Matthieu 18:32-33) et il le jeta en prison.

C'est la même chose avec nous. Nous, qui étions destinés à tomber dans la voie de la mort à cause de nos péchés, nos péchés furent pardonnés sans aucun prix, simplement avec l'amour de Jésus-Christ. Mais si nous ne pardonnons pas les petites fautes des autres, si nous les jugeons et condamnons, ce sera un grand mal!

Avoir un Cœur large pour pardonner aux autres

Même si nous avons certaines pertes à cause des autres, nous ne devrons pas les détester ou les éviter, par contre il faut les comprendre et les entourer de notre affection. De cette façon, nous pouvons avoir un grand cœur pour contenir tant de personnes.

Si nous sommes miséricordieux, nous ne haïrons personne et nous n'aurons aucun ressentiment envers qui que ce soit. Même si les autres font du mal aux yeux de Dieu, au lieu de les châtier, nous devrons d'abord les conseiller par amour.

En outre, tout en donnant des conseils aux autres, certaines personnes se sentent mal à l'aise, vu les comportements des autres, et les blessent par leurs conseils. De telles personnes ne devraient pas penser qu'elles avaient donné des conseils avec amour. Même si elles citent des paroles de la vérité, si elles ne le font pas avec amour, elles ne pourront recevoir aucune œuvre de l'Esprit Saint. Et par conséquent, elles ne pourront pas changer les cœurs des autres.

Même lorsque les leaders font quelque chose de mal à leurs subordonnés, 1 Pierre 2:18 dit: «*Serviteurs, soyez soumis en toute crainte à vos maîtres, non seulement à ceux qui sont bons et doux, mais aussi à ceux qui sont d'un caractère difficile.*» Donc, nous devons obéir et nous soumettre humblement et prier pour eux avec amour.

En outre, lorsque les subordonnés font quelque chose de mal

à leurs leaders, ces derniers ne doivent pas immédiatement leur adresser des reproches ou les délaisser afin de ne pas briser la paix pendant ce moment-là. Ils devraient être capables de les enseigner avec la parole afin de les aider à comprendre correctement les choses. C'est aussi une sorte de miséricorde.

Lorsque les leaders s'occupent de leurs subordonnés avec amour et miséricorde et les guident avec bonté, ils peuvent se redresser. En outre, les leaders auront ce sentiment de gratification car ils ont accompli le devoir de guider et de diriger ceux qui leur sont confiés.

Peu importe le genre de situation que nous rencontrons, nous devrons être capables de comprendre le point de vue des autres. Nous devrons prier pour eux et les conseiller avec cet amour qui nous mène même à sacrifier notre propre vie. Quand nous avons ce genre d'amour, nous devrions peut-être même châtier ceux qui vont dans la voie du mal au besoin pour les mener à la vérité.

La miséricorde dans le châtiment avec amour

Comme il y a la miséricorde du pardon, il y a aussi la miséricorde du châtiment. C'est lorsque la miséricorde se manifeste sous forme de châtiment, selon la situation. Cette miséricorde du châtiment ne se fait pas avec haine ou condamnation, mais avec amour exubérant.

Car le Seigneur châtie celui qu'il aime, Et il frappe

de la verge tous ceux qu'il reconnaît pour ses fils.
Supportez le châtiment: c'est comme des fils que Dieu
vous traite; car quel est le fils qu'un père ne châtie pas?
Mais si vous êtes exempts du châtiment auquel tous ont
part, vous êtes donc des enfants illégitimes, et non des
fils (Hébreux 12:6-8).

Dieu aime ses enfants, et c'est pourquoi parfois Il permet qu'ils soient punis. De cette façon, Dieu les aide à se détourner de leurs péchés et agir selon la vérité.

Supposons que vos enfants ont volé quelque chose. Bien que le fait de corriger les enfants soit l'expression de l'amour paternel, probablement il n'y aura pas beaucoup de parents qui battent leurs enfants avec un fouet dès la première transgression. Si ensuite les enfants se repentent avec des larmes et du fond du cœur, les parents les étreindront, sans doute, chaleureusement et diront: «on vous pardonne cette fois-ci. Mais ne le refais plus.»
Mais si les enfants disent qu'ils regrettent et qu'ils ne le feront plus, et après ils répètent la même chose, alors, quel devrait être la réaction des parents?
Ils devraient faire de leur mieux pour les conseiller. Si les enfants n'écoutent pas, les parents doivent avoir recours au fouet et les battre afin qu'ils puissent le garder profondément dans leur coeur, même si cela semble affligeant. Parce que les parents aiment leurs enfants, ils les punissent pour qu'ils puissent reprendre le bon chemin avant de tomber dans une voie qui est vraiment mauvaise.

Quand les enfants commettent des péchés

Un voleur, qui se tenait debout dans la cour de justice, demanda aux autorités de lui permettre de voir sa mère avant le procès. Quand il rencontra sa mère, il cria et accusa sa mère disant que c'était de sa faute qu'il devint un voleur. Il considéra sa mère responsable de son état parce qu'elle ne l'avait pas puni quand il avait commis le premier vol dans son enfance.

Quand on demande aux parents pourquoi ils ne châtient pas leurs enfants qui commettent le mal, la plupart dirait que c'est parce qu'ils aiment leurs enfants. Mais Proverbes 13:24 dit: *«Celui qui ménage sa verge hait son fils, Mais celui qui l'aime cherche à le corriger.»*

Si nous disons tout simplement à nos enfants: «Oh, mon bébé chéri», alors, même les fautes qu'ils commettent semblent être belles. A cause de ce genre d'affection charnelle, beaucoup de gens ne discernent pas entre le bien et le mal, et font de mauvais jugements.

En outre, lorsque les enfants agissent continuellement de manière inappropriée et que les parents ne les corrigent pas, mais acceptent ce qu'ils font tout justement, alors, le comportement de l'enfant devient de plus en plus inadéquat et malavisé.

Par exemple, dans 1 Samuel chapitre 2, les deux fils du sacrificateur Eli, Hophni et Phinées, couchaient avec les femmes qui s'assemblaient à l'entrée de la tente d'assignation. Mais Eli leur disait tout simplement: «*Non, mes enfants, ce que j'entends dire n'est pas bon; vous faites pécher le peuple de l'Éternel*» (v. 24). Les deux fils continuaient à pécher et ils ont affronté une mort misérable.

Si le sacrificateur Eli les avait admonestés sévèrement et parfois blâmés comme il fallait pour être dans la bonne voie d'un sacrificateur, ils ne seraient pas allés ainsi dans la mauvaise voie. Ils avaient atteint un point où ils ne pouvaient pas s'en détourner parce que leur père ne les avait pas bien élevés.

Mais même dans ce même genre de punition, si ce n'est pas fait avec amour, nous ne pouvons pas dire que c'est la miséricorde. Supposons qu'un enfant de l'un de vos voisins vous a volé quelque chose. Alors, que feriez-vous?

Ceux qui ont la bonté seront miséricordieux et lui pardonneront cela si l'enfant demande le pardon du fond du cœur. Mais ceux qui n'ont pas la bonté vont se mettre en colère contre l'enfant et le gronder, ou même s'il demande pardon, ils exigeront qu'il soit châtié. Ou encore, ils peuvent dénoncer ce que l'enfant a fait et le propager parmi de nombreuses personnes, ou s'en souvenir pendant longtemps et développer des préjugés contre l'enfant.

Ce genre de punition découle de la haine, et ce n'est donc pas de la miséricorde. Il ne peut pas changer l'autre personne. Quand nous châtions une personne, nous devons la châtier avec amour en prenant en considération son point de vue et son avenir, de telle sorte le châtiment sera miséricordieux.

Quand un frère dans la foi a péché

Quand un frère dans la foi commet un péché, la Bible nous dit en détails comment se comporter avec lui.

Si ton frère a péché, va et reprends-le entre toi et lui seul. S'il t'écoute, tu as gagné ton frère. Mais, s'il ne t'écoute pas, prends avec toi une ou deux personnes, afin que toute l'affaire se règle sur la déclaration de deux ou de trois témoins. S'il refuse de les écouter, dis-le à l'Église; et s'il refuse aussi d'écouter l'Église, qu'il soit pour toi comme un païen et un publicain (Matthieu 18:15- 17).

Quand nous voyons un frère dans la foi commettre un péché, nous ne devrons pas le diffuser à d'autres. Premièrement, nous devons lui parler personnellement afin qu'il puisse s'en détourner. S'il ne nous écoute pas, nous devrons parler avec ceux qui, hiérarchiquement, sont plus élevés afin qu'il puisse s'en détourner.

S'il refuse de les écouter, nous devrons le dire aux autorités de l'église pour le guider vers la voie du salut. S'il refuse aussi d'écouter les autorités de l'église, alors la Bible nous dit de le considérer comme un païen. Nous ne devrions pas juger ni condamner, même une personne qui commet un grave péché. C'est seulement quand nous montrons l'amour et la miséricorde que nous pourrons recevoir la miséricorde de Dieu aussi.

La miséricorde dans les œuvres caritatives

C'est quelque chose d'évident que les enfants de Dieu prennent soin de ceux qui sont dans le besoin et qu'ils leur manifestent la miséricorde. Quand les frères dans la foi souffrent, si nous leur disons tout simplement que nous sommes affectés par leur situation, sans le montrer par des actes, alors, nous ne pourrons pas dire que nous sommes miséricordieux. Aux yeux de Dieu, la miséricorde dans des œuvres caritatives est de partager ce que nous avons avec les frères qui sont dans le besoin.

Jacques 2:15-16 dit; *«Si un frère ou une sœur sont nus et manquent de la nourriture de chaque jour, et que l'un d'entre vous leur dise: Allez en paix, chauffez-vous et vous rassasiez! et que vous ne leur donniez pas ce qui est nécessaire au corps, à quoi cela sert-il?»*

Certains peuvent dire: «Je veux vraiment aider, mais je n'ai rien à donner pour les aider.» Mais quels parents regardent leurs enfants affamés sans agir, juste parce qu'ils sont dans une situation financière difficile? De la même manière, nous devrons être capables d'agir avec nos frères dans la foi comme nous le ferons avec nos propres enfants.

Ceux qui sont punis à cause de leurs péchés

Quand nous manifestons la miséricorde et aidons les nécessiteux, nous devons garder une chose à l'esprit: nous ne devons pas aider ceux qui sont en difficultés à cause de leurs péchés contre Dieu. Cela nous causera des problèmes.

Pendant le règne de Jéroboam, roi du royaume d'Israël, il y avait un prophète appelé Jonas. Dans le livre de Jonas, nous voyons des gens qui sont tombés dans une situation difficile avec le prophète Jonas qui avait désobéi à Dieu.

Un jour, Dieu dit à Jonas d'aller à la ville de Ninive, la capitale d'un pays hostile à Israël, et de proclamer l'avertissement de Dieu. Il devait prévenir la ville de Ninive, qui était envahie par les péchés, que Dieu la détruirait.

Jonas savait que, si les gens de Ninive se repentirent après avoir écouté l'avertissement de Dieu, ils échapperaient à la destruction. Il connaissait le cœur de Dieu dont la miséricorde était illimitée et qui était plein d'amour même. Ainsi, il aurait aidé Assyrie, ennemi d'Israël. Alors, Jonas désobéit à la parole de Dieu et monta à bord d'un navire qui allait à Tarsis.

Alors, Dieu fit souffler sur la mer un vent impétueux, et il s'éleva sur la mer une grande tempête. Les mariniers jetèrent dans la mer les objets qui étaient sur le navire afin de le rendre plus léger, et ils subirent une grande perte. Finalement, ils apprirent que c'était à cause de Jonas qui avait désobéi à Dieu. Ils savaient que la tempête allait s'arrêter s'ils jetaient Jonas dans la mer comme ce dernier leur avait dit. Mais comme ils éprouvaient une sympathie pour lui, ils ne pouvaient pas le faire. Tant que Jonas était à bord du navire, les mariniers souffraient, alors ils prirent Jonas, et le jetèrent dans la mer. Et la fureur de la mer s'apaisa.

En nous fondant sur cette leçon, nous voyons que nous devrons être sages quand nous montrons notre miséricorde. Nous devons comprendre que si nous aidons ceux qui sont en difficultés à cause du châtiment de Dieu, nous allons tomber dans le même genre de difficultés.

En outre, dans un autre cas, ce n'est pas juste et avisé d'aider une personne en bonne santé et qui ne travaille pas seulement parce qu'elle est paresseuse. C'est la même chose avec ceux qui ont l'habitude de demander aux autres de les aider, quoiqu'ils puissent également travailler.

Aider ces gens c'est les rendre plus paresseux et moins compétents. Si nous manifestons la miséricorde qui n'est pas juste aux yeux de Dieu, cela nous empêchera d'avoir des bénédictions.

Ainsi, nous ne devrons pas inconditionnellement aider toute personne qui se trouve en difficulté. Nous devrons discerner chaque cas afin que nous n'affrontions pas des difficultés après avoir aidé les autres.

Manifester la miséricorde aux non croyants

Ici, il y a une seule chose importante: nous ne devrons pas

montrer notre miséricorde seulement à nos frères dans la foi, mais aussi aux non croyants.

La plupart des gens veulent se lier d'amitié avec ceux qui sont riches et célèbres; ils regardent avec dédain ceux qui n'ont pas pu réussir dans leur vie, et refusent de s'approcher d'eux. Ils peuvent aider ces personnes une ou deux fois en raison de l'amitié qui les liait dans le passé, mais après ils cesseront de le faire. Mais nous ne devons pas regarder les autres avec arrogance ou mépris. Nous devons considérer les autres mieux que nous et traiter tout le monde avec amour.

Certains ont vraiment un cœur miséricordieux et se préoccupent des difficultés d'autrui. D'autres aident à contrecœur et parce qu'il y a des gens qui les voient. Dieu examine le fond des cœurs des hommes. Il dit qu'être miséricordieux c'est aider avec un vrai amour, et il bénira ceux qui montrent la vraie miséricorde.

Les bénédictions accordées aux miséricordieux

Quelles sont les bénédictions de Dieu données à ceux qui sont miséricordieux? Matthieu 5:7 dit: *«Heureux les miséricordieux, car ils obtiendront miséricorde!»*

Si nous pouvons pardonner et montrer la miséricorde, même à ceux qui nous causent des moments difficiles et nous font subir des dégâts, Dieu nous manifestera sa miséricorde et nous donnera les chances d'être pardonnés, même quand, par erreur, nous causons des dégâts à autrui.

La prière du Seigneur dit: *«pardonne-nous nos offenses, comme nous aussi nous pardonnons à ceux qui nous ont offensés»* (Matthieu 6:12). Nous ouvrons la voie pour recevoir la miséricorde de Dieu en montrant la miséricorde envers les autres.

Dans le temps de l'église primitive, il y avait une femme parmi les disciples nommée Tabitha (Actes 9:36-42). Les croyants de Jérusalem étaient dans de nombreux endroits à cause de graves persécutions. Certains d'entre eux s'étaient installés dans une ville portuaire appelée Joppé. Cette ville devint un des centres pour les chrétiens; ce fut là que vivait Tabitha. Elle aidait ceux qui étaient pauvres et dans le besoin. Mais un jour elle tomba malade et mourut.

Ceux qui avaient reçu son aide envoyèrent à Pierre des gens pour lui demander de la ressusciter. Ils montraient tous les tuniques et les vêtements qu'elle avait confectionnés quand elle était avec eux, et ils racontaient toutes les bonnes choses qu'elle avait faites.

Enfin, elle connut l'œuvre extraordinaire de Dieu: elle fut revivifiée grâce à la prière de Pierre. Elle reçut la bénédiction d'une vie prolongée par la miséricorde de Dieu.

En outre, lorsque nous sommes miséricordieux avec les pauvres et les malades, Dieu nous donnera la bénédiction d'être sains et riches.

A cause de la pauvreté et des maladies dont je ne pouvais pas voir la fin, j'ai dû passer des moments difficiles durant ma jeunesse.

Cependant, grâce à cette période, je parvins à comprendre le cœur de ceux qui éprouvent des difficultés. Je suis guéri, depuis plus de trente ans, de toutes mes maladies par la puissance de Dieu. Depuis cette période, je suis sain, ne souffrant d'aucune sorte de maladie. J'éprouve toujours la compassion et l'amour envers ceux qui souffrent à cause des maladies et de la pauvreté, et ceux qui sont abandonnés et oubliés.

Ainsi, je voulais aider ceux qui étaient dans le besoin, non seulement avant de fonder cette église, mais aussi après sa fondation. Je ne pensais pas: «j'aiderai quand je deviendrai riche.» J'ai aidé les autres que ce soit avec une petite ou une grande somme.

Dieu était satisfait de cet acte, et il m'avait tellement béni de telle sorte que j'avais pu Lui donner en abondance, en travaillant pour la mission mondiale et pour l'accomplissement du royaume de Dieu. Comme j'avais semé la graine de miséricorde dans les autres, Dieu m'a permis de récolter une abondante moisson.

Si nous montrons la miséricorde envers les autres, Dieu pardonnera aussi nos iniquités. Il va nous saturer de sorte que nous ne manquions de rien, et il va changer les faiblesses en santé. C'est la miséricorde que nous pouvons recevoir de Dieu quand nous sommes miséricordieux avec les autres.

Jean 13:34 dit: «*Je vous donne un commandement nouveau: Aimez-vous les uns les autres; comme je vous ai aimés, vous aussi, aimez-vous les uns les autres.*» Comme il est dit, donnons la consolation et la vie à beaucoup de gens avec l'arôme de miséricorde pour que nous jouissions d'une vie abondante dans les bénédictions de Dieu.

Capítulo 6
La sixième Bénédiction

Heureux ceux qui ont le cœur pur,
car ils verront Dieu!

Matthieu 5:8

«Heureux ceux qui ont le cœur pur,

car ils verront Dieu!»

«La première chose que j'avais ressentie quand j'avais atterri sur la lune est la création de Dieu et Sa présence glorieuse.»

C'est ce que proclama James Irwin, qui est allé sur la lune sur Apollo 15, en 1971. Ce fut une citation très célèbre qui toucha beaucoup de gens dans le monde entier.

Lors d'une conférence en Hongrie, un étudiant lui demanda: «Aucun astronaute de l'Union soviétique n'a proclamé avoir vu Dieu dans l'univers, alors pourquoi dites-vous que vous avez vu Dieu dans l'univers et vous le glorifiez?»

La réponse d'Irwin était si claire pour tous qu'elle était indiscutable. «Ceux qui ont le cœur pur peuvent voir Dieu!» Il était resté sur la lune pendant 18 heures, et on avait dit qu'en voyant la terre et l'univers que Dieu avait créés, il récitait le Psaume 8.

«Éternel, notre Seigneur!
Que ton nom est magnifique sur toute la terre!
Ta majesté s'élève au-dessus des cieux...
Quand je contemple les cieux,
ouvrage de tes mains,
La lune et les étoiles que tu as créées...
Éternel, notre Seigneur!
Que ton nom est magnifique sur toute la terre!»

Ceux qui ont le cœur pur devant Dieu

«Pure» signifie «non mêlé à toute autre question, ou dénué de la poussière, la saleté ou autres contaminants.» Dans la Bible, cela signifie que nous devons agir d'une manière sainte, non seulement apparemment avec la connaissance et l'éducation, mais nous devons aussi avoir un cœur saint et sanctifié.

Dans Matthieu 15, quand Jésus exerçait son ministère en Galilée, les scribes et les pharisiens vinrent de Jérusalem auprès de Lui.

Les scribes et les Pharisiens étaient ceux qui enseignaient professionnellement la Loi au peuple; et ils gardaient très strictement la Loi. Ils gardaient aussi les traditions des anciens, qui étaient des règlements détaillés sur la façon de garder la Loi. Ces traditions se transmettaient de génération en génération.

Comme ils avaient exercé beaucoup de maîtrise de soi et qu'ils menaient une vie ascétique, ils pensaient qu'ils étaient saints. Mais leurs cœurs étaient envahis par le mal. Quand ils furent offensés par la parole de Jésus, ils avaient essayé de le tuer.

Une des traditions des anciens conçue par les scribes et les pharisiens dit que ce n'est pas propre de manger tout en ayant les mains sales.

Et ils virent les disciples de Jésus mangeaient avec des mains sales, alors comme objection à cela ils demandèrent à Jésus: *«pourquoi tes disciples transgressent-ils la tradition des anciens?»* (v. 2) Alors Jésus répondit *«Ce n'est pas ce qui entre dans la bouche qui souille l'homme; mais ce qui sort de la bouche, c'est ce qui souille l'homme»* (v. 11).

Mais ce qui sort de la bouche vient du cœur, et c'est ce qui souille l'homme. Car c'est du cœur que viennent les mauvaises pensées, les meurtres, les adultères, les impudicités, les vols, les faux témoignages, les calomnies. Voilà les choses qui souillent l'homme; mais manger sans s'être lavé les mains, cela ne souille point l'homme (Matthieu 15:18-20).

Jésus aussi les réprimanda leur disant qu'ils ressemblaient à des sépulcres blanchis (Matthieu 23:27). En Israël, d'habitude ils utilisaient une grotte comme un tombeau. Généralement, l'entrée de la tombe était peinte par la chaux, substance de couleur blanche.

Mais une tombe est un lieu pour les cadavres, et peu importe combien nous la décorons, l'intérieur restera toujours pourri et nauséabond. Jésus avait comparé les scribes et les pharisiens à des sépulcres blanchis parce que leurs œuvres apparentes étaient saintes, mais leurs cœurs étaient remplis de divers maux et péchés.

Dieu veut que nous soyons beaux; Il ne cherche pas seulement la beauté apparente, qui frappe les yeux, mais aussi la beauté du cœur. C'est pourquoi, lorsqu'Il oint David, un berger, comme le roi d'Israël, Il dit: *«L'Éternel ne considère pas ce que l'homme considère; l'homme regarde à ce qui frappe les yeux, mais l'Éternel regarde au cœur»* (1 Samuel 16:7).

Jusqu'à quel degré mon cœur est pur?

Quand nous prêchons l'évangile, certains disent: «je n'ai fait du mal à personne et j'ai vécu une bonne vie, donc je peux aller au ciel.» Ils veulent dire qu'ils peuvent aller au ciel, même s'ils ne croient pas en Jésus-Christ, parce qu'ils ont un bon cœur et n'ont pas commis de péchés.

Mais Romains 3:10 dit: *«Il n'y a point de juste, Pas même un seul.»* Peu importe combien une personne se juge juste et bonne; elle se rendra compte qu'elle a tant d'iniquités et de péchés, si elle s'examine à la lumière de la parole de Dieu, la vérité. Mais certains disent qu'ils n'ont pas de péché, parce qu'ils n'ont pas causé du mal à qui que ce soit et n'ont pas enfreint la loi.

Par exemple, même s'ils détestent quelqu'un, ils pensent qu'ils sont sans péché parce qu'ils n'ont pas causé de dégâts physiques à la personne. Mais Dieu dit que le fait d'avoir une mauvaise pensée dans le cœur est aussi un péché.

Il dit dans 1 Jean 3:15: *«Quiconque hait son frère est un meurtrier, et vous savez qu'aucun meurtrier n'a la vie éternelle demeurant en lui.»* Et dans Matthieu 5:28, Il dit: *«Mais moi, je vous dis que quiconque regarde une femme pour la convoiter a déjà commis un adultère avec elle dans son cœur.»*

Une personne qui a, dans son cœur, la haine, des pensées d'adultère, des désirs égoïstes, de l'arrogance, du mensonge, la jalousie et la colère, son cœur n'est pas pur, même si ces sentiments et pensées ne se manifestent pas. Ceux qui ont le cœur pur n'accordent aucune importance aux choses insignifiantes, par contre ils suivront strictement l'unique chemin avec un cœur immuable.

Les œuvres de Ruth, une femme au cœur pur

Ruth était une femme païenne qui devint veuve à un jeune âge sans avoir d'enfants. Elle ne voulait pas abandonner sa belle-mère mais elle voulait rester avec elle, même durant les moments difficiles. Sa belle-mère n'avait personne sur qui compter. Cependant, comme elle cherchait le bien de Ruth, elle l'incitait à retourner chez sa famille. Mais Ruth ne pouvait pas laisser sa belle- mère toute seule.

Mais Ruth répondit: Ne me presse pas de te laisser, de retourner loin de toi! Où tu iras j'irai, où tu demeureras je demeurerai; ton peuple sera mon peuple, et ton Dieu sera mon Dieu; où tu mourras je mourrai, et j'y serai enterrée. Que l'Éternel me traite dans toute sa rigueur, si autre chose que la mort vient à me séparer de toi! (Ruth 1:16-17)

Cet aveu de Ruth exprime son amour et sa forte volonté d'être toute sa vie au service de sa belle-mère. La ville natale de sa belle-mère était en Israël, un endroit inconnu à Ruth. Elles n'avaient pas de maison ou quoi que ce soit là-bas.

Mais Ruth n'avait pas pensé à ces circonstances, elle avait

seulement choisi de servir sa belle-mère qui était seule. Ruth n'avait jamais regretté son choix et avait tout justement servi sa belle-mère avec un cœur immuable.

Parce que Ruth avait un tel cœur pur, elle pouvait se sacrifier avec joie et servir sa belle-mère immuablement. En conséquence, elle avait rencontré un homme riche nommé Boaz qui était aussi un bon homme selon les coutumes d'Israël, et ils eurent une famille heureuse. Ruth devint la grande grand-mère du roi David et son nom était même enregistré dans la généalogie de Jésus.

Des bénédictions pour ceux qui ont le cœur pur

Quel genre de bénédictions recevront ceux qui ont le cœur pur? Matthieu 5:8 dit: «*Heureux ceux qui ont le cœur pur, car ils verront Dieu!*»

C'est toujours une grande joie d'être avec ceux qui nous sont chers. Dieu est le Père de notre esprit, et Il nous aime plus que nous-mêmes. Si nous pouvons le voir face à face et être à ses côtés, le bonheur que nous ressentirons alors ne pourra pas être comparé avec autre chose.

Certains peuvent dire: «comment un homme peut voir Dieu?» Juges 13:22 dit: «*Manoach dit à sa femme: 'Nous allons mourir car nous avons vu Dieu.'*»

Jean 1:18 dit: «*Personne n'a jamais vu Dieu.*» Dans plusieurs endroits de la Bible, nous trouvons que les gens ne pouvaient pas voir Dieu et s'ils le voyaient ils mourraient.

Mais Exode 33:11 dit: *«L'Éternel parlait avec Moïse face à face, comme un homme parle à son ami.»* Quand, après l'Exode, les Israélites arrivaient à la montagne de Sinaï, Dieu y était descendu, et ils ne pouvaient pas s'y approcher de peur de mourir; mais Moïse pouvait voir Dieu (Exodes 20:18-19).

De plus, Genèse 5:21-24 nous dit que Hénoc marchait avec Dieu.

> *Hénoc, âgé de soixante-cinq ans, engendra Metuschélah. Hénoc, après la naissance de Metuschélah, marcha avec Dieu trois cents ans; et il engendra des fils et des filles. Tous les jours d'Hénoc furent de trois cent soixante-cinq ans. Hénoc marcha avec Dieu; puis il ne fut plus, parce que Dieu le prit.*

Marcher avec Dieu ne veut pas dire que Dieu Lui-même descendit sur terre et marchait avec Hénoc. Cela signifie qu'Hénoc communiquait toujours avec Dieu et que Dieu contrôlait toute chose dans la vie d'Hénoc.

Nous devons savoir que «marcher avec» et «être avec» sont deux expressions dont le sens est complètement différent. «Dieu est avec nous» signifie qu'Il nous garde avec ses anges.

Lorsque nous essayons de vivre par la parole, Dieu nous protège, mais il peut marcher avec nous seulement après que nous devenions complètement sanctifiés. Par conséquent, le fait qu'Hénoc marcha avec Dieu trois cents ans, nous permet de voir combien Hénoc était aimé par Dieu.

La Bénédiction de voir Dieu

Alors, pourquoi certains ne peuvent pas voir Dieu tandis que d'autres Le voient face à face et même marchent avec Lui?

3 Jean 1:11 dit: *«Bien-aimé, n'imite pas le mal, mais le bien. Celui qui fait le bien est de Dieu; celui qui fait le mal n'a point vu Dieu.»* Comme il est dit ceux qui ont le cœur pur peuvent voir Dieu, mais ceux dont le cœur est souillé par le mal ne peuvent pas voir Dieu.

On peut voir que tel fut le cas d'Etienne, un des chrétiens de l'église primitive, qui fut martyrisé tout en prêchant l'évangile. Dans Actes chapitre 7, nous pouvons voir qu'Etienne avait prêché l'évangile de Jésus-Christ et qu'il priait même pour ceux qui le lapidaient. Cela signifie qu'il était très pur et n'avait pas de péchés dans le cœur. C'est pourquoi il pouvait voir le Seigneur qui était debout à la droite de Dieu.

Ceux qui peuvent voir Dieu ont le cœur pur, et ils peuvent aller dans les meilleurs lieux d'habitation dans le troisième royaume des cieux ou plus. Ils peuvent voir de près le Seigneur et Dieu et jouir du bonheur pour toujours.

Mais ceux qui vont dans le premier ou le deuxième Royaume des Cieux ne peuvent pas voir le Seigneur de près, même s'ils le veulent parce que les lumières spirituelles qui rayonnent en eux et dans les lieux d'habitation sont différentes selon le niveau de la sanctification.

Que faire pour avoir le cœur pur

Le Dieu saint et parfait, veut que nous soyons parfaits et purs, non seulement dans les actes mais aussi dans le cœur, en rejetant les péchés qui sont ancrés au fond de notre cœur. C'est pourquoi Il dit: *«Vous serez saints, car je suis saint»* (1 Pierre 1:16), et Il dit aussi: *«Ce que Dieu veut, c'est votre sanctification; c'est que vous vous absteniez de l'impudicité»* (1 Thessalonique 4:3).

Maintenant, que devons-nous faire pour avoir le cœur pur, comme Dieu l'exige et accomplir la sainteté en nous?

Ceux qui ont l'habitude de se mettre en colère doivent renoncer à la colère et devenir doux. Ceux qui sont de nature arrogante doivent renoncer à l'arrogance et s'humilier. Ceux qui haïssent les autres doivent changer pour être capables d'aimer même leurs ennemis. Bref, nous devons rejeter toutes les formes du mal et résister jusqu'au sang, en luttant contre le péché. (Hébreux 12:4).

Nous pouvons avoir un cœur pur quand nous dépouillons notre cœur de toutes les formes du mal, écoutons la parole de Dieu, la pratiquons, et nous nous remplissons de la vérité. Ça ne servira à rien si nous entendons la parole et nous ne la pratiquons pas. Supposons que les vêtements sont sales, et nous nous contentons de dire: «Oh, je dois les laver», cependant nous ne le faisons pas.

Par conséquent, si nous nous rendons compte des choses sales dans notre cœur, en écoutant la parole de Dieu, nous devrons nous efforcer pour y renoncer. Bien sûr, nous ne pouvons pas avoir un cœur pur en comptant simplement sur notre propre force et notre volonté. Nous pouvons comprendre cela grâce à la confession de l'apôtre Paul.

> *Car je prends plaisir à la loi de Dieu, selon l'homme intérieur; mais je vois dans mes membres une autre loi, qui lutte contre la loi de mon entendement, et qui me rend captif de la loi du péché, qui est dans mes membres. Misérable que je suis! Qui me délivrera du corps de cette mort?* (Romains 7:22-24)

Ici, «l'homme intérieur»se réfère au cœur original donné par Dieu, qui est le cœur de la vérité, qui se réjouit de la loi de Dieu et cherche Dieu. D'autre part, il y a le méchant cœur qui veut commettre des péchés, par conséquent, nous ne pouvons pas renoncer aux péchés seulement grâce à nos efforts personnels.

Par exemple, nous pouvons voir cela chez les personnes qui ne peuvent pas facilement arrêter de boire et de fumer. Ils savent que le tabagisme et la consommation excessive de l'alcool sont dangereux, mais ils ne peuvent pas y renoncer. Avec le Nouvel an ils se font des serments et des résolutions et tentent d'arrêter, mais ils ne peuvent pas tenir parole.

Ils savent que c'est dangereux, mais parce qu'ils l'apprécient vraiment, ils ne peuvent pas y renoncer. Mais, si ces personnes reçoivent la force de Dieu d'en haut, elles peuvent y renoncer dans l'instant même.

C'est de même avec le péché et le mal dans notre Cœur. 1

Timothée 4:5 dit: «*parce que tout est sanctifié par la parole de Dieu et par la prière.*» Comme il est dit, nous pouvons renoncer totalement aux péchés et au mal lorsque nous nous rendons compte de la vérité à travers la parole de Dieu, et lorsque nous recevons la grâce de Dieu, la force et l'aide du Saint-Esprit, grâce à des prières ferventes.

Pour ce faire, ce dont nous avons besoin ce sont nos efforts et la volonté de pratiquer la parole de Dieu. Nous ne devrions pas nous arrêter tout justement après avoir pratiqué la parole une ou deux fois. Si nous prions et parfois jeûnons jusqu'à ce que finalement nous changions, alors nous pourrons vraiment rejeter tous les péchés et avoir un cœur pur.

Ceux qui ont le Cœur pur reçoivent des réponses et des bénédictions

Les bénédictions de ceux qui ont le cœur pur ne se limitent pas seulement à la vue de l'image de Dieu le Père. En effet, de telles personnes peuvent aussi recevoir, à travers les prières, des réponses aux désirs de leur cœur et peuvent rencontrer Dieu et expérimenter ses œuvres dans leur vie.

Jérémie 29:12-13 dit: «*Vous m'invoquerez, et vous partirez; vous me prierez, et je vous exaucerai. Vous me chercherez, et vous me trouverez, si vous me cherchez de tout votre cœur.*» Ils recevront les réponses de Dieu à travers des prières sincères, et ils auront plusieurs témoignages dans leur vie.

Mais parfois, nous voyons quelques nouveaux croyants qui viennent tout justement d'accepter Jésus-Christ et ne vivent pas vraiment dans la vérité, toutefois ils reçoivent des réponses à leurs prières. Même si leurs cœurs ne sont pas complètement purs, ils rencontrent et expérimentent le Dieu vivant.

Cela ressemble aux petits enfants qui font quelque chose de bien, alors leurs parents leur donnent ce qu'ils veulent. Bien qu'ils n'aient pas de cœurs complètement purs pour plaire à Dieu dans la mesure de leur foi, ils peuvent recevoir des réponses à leurs diverses prières.

Après que je rencontrai Dieu, que je fus guéri de toutes mes maladies et que je récupérai ma santé, je me mis à la recherche d'un travail. Mais je refusais de m'y engager, même si on me présentait une bonne offre et de bonnes conditions, parce que, à cause du travail, je ne pouvais pas garder saint le jour du Seigneur. J'essayais de faire de mon mieux pour suivre le droit chemin avec un cœur pur devant Dieu.

Dieu fut content de ce type de cœur et m'avait guidé pour ouvrir une petite bibliothèque de location de livres. Le travail allait bien et je prévoyais déménager à une grande place. J'entendis dire qu'il y avait un endroit convenable.

Quand je suis allé là-bas pour voir le propriétaire, ce dernier refusa de signer le contrat avec moi: ses affaires ne prospéraient pas à cause de ma boutique qui allait bien. Je devais abandonner. Toutefois quand je pensais à sa situation, je me sentais attristé pour lui et je priais du fond de mon cœur pour qu'il fût béni.

Plus tard, je fus informé de l'inauguration d'une grande bibliothèque juste en face de ce magasin où sûrement je n'aurais jamais pu avoir la capacité pour faire face à la concurrence avec un tel grand magasin. Dieu empêcha la signature du contrat, car toutes choses concourent au bien de ceux qui aiment Dieu. Plus tard, je déménageai dans un autre magasin. Je n'avais accepté aucun étudiant indiscipliné. J'interdisais la cigarette et l'alcool dans ma boutique. Le Dimanche, le jour où il y a le plus grand nombre de clients, je fermais le magasin pour garder le Jour du Seigneur. Les gens pensaient que les affaires ne marcheraient pas bien ainsi en aucune façon. Mais par contre, le nombre de clients avait si augmenté, et les ventes aussi, que tout le monde avait dû reconnaître que c'était la bénédiction de Dieu.

Au fait, tout en menant une vie chrétienne, nous pouvons aussi recevoir le don de parler en langues, ou d'autres dons du Saint-Esprit. C'est une des bénédictions de «voir Dieu.»

À un autre, la foi, par le même Esprit; à un autre, le don des guérisons, par le même Esprit; à un autre, le don d'opérer des miracles; à un autre, la prophétie; à un autre, le discernement des esprits; à un autre, la diversité des langues; à un autre, l'interprétation des langues. Un seul et même Esprit opère toutes ces choses, les distribuant à chacun en particulier comme il veut (1 Corinthiens 12:9-11).

Nous devons nous rappeler que, si vraiment nous aimons Dieu, nous ne devrons pas nous contenter de la foi d'un enfant. Nous devrons faire de notre mieux pour renoncer à toutes les formes du mal et achever notre sanctification rapidement de telle sorte que nous mûrissions dans la foi et comprenions le cœur de Dieu.

2 Corinthiens 7:1 dit: «*Ayant donc de telles promesses, bien-aimés, purifions-nous de toute souillure de la chair et de l'esprit, en achevant notre sanctification dans la crainte de Dieu.*» Comme il est dit rejetons toute souillure du cœur et achevons notre sanctification.

J'espère que nous prospérions en toute chose et que nous recevions tout ce que nous demandions, exactement comme un arbre planté près d'un courant d'eau ne sèche pas, mais porte des fruits abondants même durant les sécheresses. Comme j'espère que nous soyons capables de voir Dieu en face dans l'éternel royaume céleste.

Chapitre 7
La Septième Bénédiction

Heureux ceux qui procurent la paix, car ils seront appelés fils de Dieu

Matthieu 5:9

«Heureux ceux qui procurent la paix,

car ils seront appelés fils de Dieu!»

Quand deux pays se partagent les frontières, des conflits ou même des guerres se déroulent parce que chaque pays cherche ses propres bénéfices et avantages. Toutefois, il y a deux pays qui ont les mêmes frontières mais qui avaient joui de la paix pour une longue période: il s'agit de l'Argentine et du Chili.

Il y a bien longtemps, il y eut des conflits le long des frontières. Cela provoqua une crise entre ces deux pays qui risquait d'engendrer une guerre. Les chefs religieux des deux pays avaient imploré les gens leur disant que l'amour était le seul moyen pour maintenir la paix entre eux. Convaincus par ces paroles, les gens firent la paix et élevèrent une affiche sur la laquelle on trouvait le verset biblique tiré de l'Epitre aux Ephésiens 2:14: *«Car il est notre paix, lui qui des deux n'en a fait qu'un, et qui a renversé le mur de séparation, l'inimitié.»*

Avoir la paix entre les pays c'est d'avoir une bonne relation entre eux. Et dans les relations personnelles, les gens doivent être en bon terme et se sentir bien à l'aise. Cependant, le sens spirituel de la paix avec Dieu est un peu différent. Il s'agit de nous sacrifier pour les autres et les servir et même de nous humilier pour les élever. Nous ne devons pas avoir un comportement impoli. Même lorsque nous avons raison, nous pouvons adopter les opinions d'autrui, à moins qu'ils ne contredisent la vérité.

Etre en paix avec Dieu c'est chercher le bien de tous. Il ne faut pas insister sur nos opinions personnelles, mais il faut d'abord prendre en considération le point de vue des autres. Etre en paix avec Dieu c'est: adopter les opinions des autres, ne pas avoir de parti pris et être mutuellement compatibles avec les deux côtés d'un problème ou d'une situation donnée. Pour procurer la paix, nous devons nous sacrifier. Par conséquent, le sens spirituel de la paix est de nous sacrifier jusqu'au point de la mort.

Jésus a fait la paix en se sacrifiant

Lorsque Dieu créa le premier homme, Adam, il était un esprit vivant. Il avait le pouvoir de régner sur tout. Mais, comme par Adam le péché est entré dans le monde, à cause du fruit défendu, Adam et tous ses descendants sont devenus des pécheurs. Ainsi un mur de péché se dressa entre les hommes et Dieu.

Comme il est dit dans Colossiens 1:21: *«Et vous, qui étiez autrefois étrangers et ennemis par vos pensées et par vos mauvaises œuvres, il vous a maintenant réconciliés par sa mort dans le corps de sa chair»,* l'homme s'aliéna de Dieu à cause du péché.»

Depuis le temps d'Adam, l'humanité était devenue pécheresse, et Jésus, le Fils de Dieu, devint le sacrifice expiatoire pour nous sauver. Il mourut sur la croix pour détruire le mur de péché entre Dieu et les hommes et pour faire la paix.

On peut se demander, «Pourquoi tous les hommes doivent devenir pécheurs tout simplement à cause du péché d'un seul humain, Adam?» C'est pareil à l'ancien temps où il y avait encore des esclaves. Une fois vous devenez un esclave, toute votre descendance sera esclave.

Romains 6:16 dit: *«Ne savez-vous pas qu'en vous livrant à quelqu'un comme esclaves pour lui obéir, vous êtes esclaves de celui à qui vous obéissez, soit du péché qui conduit à la mort, soit de l'obéissance qui conduit à la justice?»* Parce qu'Adam avait obéi à l'ennemi diable et commit le péché, toute sa descendance devint pécheresse.

Pour ramener la paix entre Dieu et l'humanité qui devint pécheresse, Jésus fut crucifié, Lui qui n'a point commis de péché. Colossiens 1:20 dit: *«il a voulu par lui réconcilier tout avec lui-même, tant ce qui est sur la terre que ce qui est dans les cieux, en faisant la paix par lui, par le sang de sa croix.»* Jésus devint le sacrifice expiatoire pour effacer nos péchés et Il fournit la paix entre Dieu et les hommes.

Etes-vous un pacificateur?

Tout comme Jésus qui vint sur cette terre en prenant une forme de serviteur, en devenant semblable aux hommes et fut le Pacificateur, Dieu veut que nous fassions la paix avec tout le monde. Bien sûr, quand nous croyons en Dieu et apprenions la vérité, le plus souvent nous n'enfreindrons pas délibérément la paix. Mais tant que nous avons notre propre justice en pensant que nous avons raison, nous pourrons violer la paix sans le savoir.

Nous pouvons réaliser si nous sommes ce genre de personnes en vérifiant si nous faisons ce qui est convenable pour les autres ou si les autres essaient de faire les choses convenables pour nous.

Prenons l'exemple d'un couple: supposons que la femme n'aime pas les aliments trop salés alors que le mari les aime salés.

La femme dit à son mari que la nourriture salée n'est pas bonne pour la santé, malgré cela il aime toujours les aliments salés. Donc, la femme ne comprend pas son mari. Du point de vue du mari, il ne peut pas facilement changer son goût.

Ici, si la femme insiste pour que son mari suive ses conseils car elle a raison, des querelles peuvent surgir. Par conséquent, pour avoir la paix, nous devrions penser aux autres et les aider à comprendre pour qu'ils parviennent à changer progressivement vers le bien.

De même, lorsque nous regardons tout autour de nous, nous pouvons facilement voir que la paix est rompue à cause de ces petites choses. C'est à cause de notre propre justice qui nous mène à penser que nous avons raison.

Par conséquent, nous devons vérifier si nous cherchons notre propre intérêt avant le profit des autres, ou si nous essayons d'insister sur nos opinions, car nous avons raison et nous disons la vérité, tout en sachant que l'autre personne a des moments difficiles. En outre, nous devons vérifier si nous voulons que nos sujets nous obéissent sans conditions et nous suivent tout justement parce que nous sommes les seniors.

Alors, nous pouvons réaliser si nous sommes réellement de ceux qui procurent la paix. Généralement, il est facile d'avoir la paix avec ceux qui sont gentils avec nous. Mais Dieu nous dit de nous sanctifier et d'avoir la paix avec tous les hommes.

«Recherchez la paix avec tous, et la sanctification, sans laquelle personne ne verra le Seigneur» (Hébreux 12:14).

Nous devrions être capables d'avoir la paix, même avec ceux qui nous détestent, nous haïssent, ou nous causent des difficultés. Même s'il semble que nous avons absolument raison, si l'autre personne a un moment difficile ou si elle est gênée à cause de nous, ce ne sera pas juste aux yeux de Dieu. Alors, comment pouvons-nous avoir la paix avec tous les hommes?

Avoir la paix avec Dieu

D'abord, nous devons avoir la paix avec Dieu.

Esaïe 59:1-2 dit: *«Non, la main de l'Éternel n'est pas trop courte pour sauver, Ni son oreille trop dure pour entendre. Mais ce sont vos crimes qui mettent une séparation Entre vous et votre Dieu; Ce sont vos péchés qui vous cachent sa face et l'empêchent de vous écouter.»* Si nous commettons les péchés, un mur de péchés fera obstruction entre nous et Dieu.

Donc, pour avoir la paix avec Dieu, il ne faut pas qu'il y ait un mur de péché entre nous et Dieu.

Quand nous acceptons Jésus-Christ, nous avons la rédemption par son sang, la rémission des péchés que nous avons commis jusqu'à ce moment (Ephésiens 1:7). Pour cette raison, le mur du péché entre Dieu et nous est détruit, et la paix est établie.

Mais nous devons garder à l'esprit que si, après la rémission des péchés, nous continuons à en commettre, le mur du péché sera créé à nouveau.

Nous pouvons comprendre d'après la Bible que plusieurs genres de problèmes sont dus aux péchés. Dans Matthieu, chapitre 9, Jésus pardonna les péchés de l'homme paralysé avant de le guérir.

Après avoir guéri un homme malade depuis 38 ans, Jésus dit à cet homme: *«Voici, tu as été guéri; ne pèche plus, de peur qu'il ne t'arrive quelque chose de pire»* (Jean 5:14).

Par conséquent, lorsque nous nous repentons de nos péchés, nous y renonçons et vivons par la parole de Dieu, nous pourrons avoir la paix avec Dieu. Ensuite, étant ses enfants, nous pourrons également recevoir Ses bénédictions. Si nous avons une maladie, nous en serons guéris et trouverons la bonne santé; si nous avons des difficultés financières, le problème disparaîtra et nous deviendrons riches. De cette façon, nous recevrons des réponses aux désirs de nos cœurs.

Avoir la paix avec soi-même

La haine, l'envie, la jalousie et d'autres types de mal surgiront selon la situation qui s'impose tant que nous les avons dans le cœur. Par conséquent, nous allons en souffrir et nous ne pourrons pas avoir la paix.

Il y a un dicton coréen qui dit: «Quand ton cousin achète des terrains, tu auras un mal de ventre.» Cela traduit l'envie. Une personne souffrira à cause de l'envie, or elle n'aime pas que les autres aient une vie aisée. De même, tant que nous avons dans notre cœur l'envie, la jalousie, l'arrogance, les querelles, les pensées adultères, et d'autres formes du mal, nous ne pouvons pas avoir la paix. Ajoutons que, par ce mal, nous attristons l'Esprit Saint qui se trouve en nous, alors notre cœur se sentira en détresse.

Par conséquent, pour avoir la paix avec nous-mêmes, nous devons rejeter toutes les formes du mal de notre cœur et suivre les désirs du Saint-Esprit.

Une fois que nous acceptons Jésus-Christ et que nous nous trouvons en paix avec Dieu, nous recevrons le don du Saint-Esprit qui habitera dans nos cœurs (Actes 2:38).

Le Saint-Esprit, le cœur de Dieu, nous permet d'appeler Dieu par «Père.» Il nous permet de distinguer les péchés, la justice et le jugement. Etant guidés par le Saint-Esprit, les enfants de Dieu peuvent alors vivre par la parole de Dieu.

Lorsque, grâce à l'aide du Saint-Esprit, nous pratiquons la parole de Dieu et suivons les désirs du Saint-Esprit, ce dernier, qui habite dans nos cœurs, se réjouira. Ainsi, nous pourrons avoir la consolation et la paix avec nous-mêmes.

Par ailleurs, quand nous rejetons complètement le mal qui se trouve dans notre cœur, nous n'aurons plus à lutter contre les péchés, alors nous pourrons avoir la paix avec nous-mêmes. C'est seulement après avoir la paix avec nous-mêmes que nous pourrons avoir la paix avec les autres aussi.

Avoir la paix avec les humains

Parfois, nous pouvons voir des gens qui ont la ferveur et la passion pour leurs devoirs accordés par Dieu. Ils aiment Dieu et se consacrent à Lui, mais ils n'ont pas la paix avec les autres frères dans la foi.

S'ils jugent une chose bénéfique pour le royaume de Dieu, ils n'écoutent pas l'opinion des autres, mais ils s'obstinent et persévèrent dans leur travail avec passion. Alors, les autres se sentiront mal à l'aise et éprouveront une rancune envers eux.

Dans cette situation, ceux qui n'ont pas la paix avec les autres vont penser que ce désaccord avec autrui est le prix qu'ils ont à payer pour accomplir ce qui est bien pour le royaume de Dieu. Ils ne se soucient pas vraiment s'il y a des gens qui ont des opinions opposées à leurs points de vue ou même si les autres sont gênés à cause d'eux.

Mais ceux qui ont la bonté prendront en considération les pensées de tous les gens concernés, afin qu'ils puissent procurer la paix et comprendre les autres. Ainsi, beaucoup de gens peuvent recourir à eux.

La bonté est le cœur de la vérité qui suit la bonté dans la vérité.

C'est être gentil et généreux. En outre, c'est regarder les autres comme étant au-dessus de nous-mêmes et considérer les intérêts des autres (Philippiens 2:3-5).

Matthieu 12:19-20 dit: *«Il ne contestera point, il ne criera point, et personne n'entendra sa voix dans les rues. Il ne brisera point le roseau cassé, et il n'éteindra point le lumignon qui fume, jusqu'à ce qu'il ait fait triompher la justice.»*

Si nous avons ce genre de bonté, nous ne nous disputerons pas avec les autres. Nous n'allons pas essayer de nous vanter ou de nous élever. Nous allons aimer même les faibles qui sont comparés à un roseau cassé et les méchants comparés à un lumignon qui fume. Nous allons les entourer de notre affection en espérant le meilleur pour eux.

Par exemple, supposons que le fils aîné achète des cadeaux très valeureux pour ses parents parce qu'il les aime. Mais s'il critique ses frères qui ne peuvent pas faire de même, que ressentiront les parents face à ce sujet? Probablement, ils veulent que leurs enfants s'aiment et soient en paix ensemble, plutôt que de recevoir des cadeaux chers et valeureux.

De la même façon, Dieu veut que nous comprenions Son cœur et que nous lui ressemblions d'abord plutôt que d'avoir un grand accomplissement de son royaume. Pour être en paix, nous devrons prendre en considération la faiblesse de la foi des autres, à moins que la situation ne soit pas une contre-vérité absolue.

Depuis que je fus le pasteur de cette église, je n'ai jamais eu de sentiments désagréables envers ces pasteurs ou ouvriers qui n'ont pas rapporté les bons fruits. Je les ai traités avec foi et avec persévérance jusqu'à ce qu'ils reçoivent plus de force de Dieu et accomplissent convenablement leurs devoirs.

Si j'avais insisté sur mon point de vue seulement, j'aurais pu les conseiller en leur disant quelque chose comme: «Pourquoi tu ne cherches pas un autre travail, aie plus de puissance l'an prochain, et puis tu pourras reprendre ce travail plus tard.»

Mais craignant que certains ne perdent l'enthousiasme, je n'ai pas fait cela. Quand nous avons la bonté et nous ne brisons pas le roseau cassé et nous n'éteignons pas le lumignon qui fume, nous pouvons avoir la paix avec tous les hommes.

La paix à travers nos sacrifices

Jean 12:24 dit: *«En vérité, en vérité, je vous le dis, si le grain de blé qui est tombé en terre ne meurt, il reste seul; mais, s'il meurt, il porte beaucoup de fruit.»* Comme il est dit, quand nous nous sacrifions totalement dans chaque domaine, nous pourrons avoir la paix et des fruits abondants. C'est-à-dire, quand le grain tombe en terre et meurt, il pourra pousser et porter beaucoup de fruits.

Que fit Jésus? Il se sacrifia complètement. Il fut sacrifié pour les humains qui sont tous pécheurs. Il ouvrit la voie du salut et ramena un nombre illimité des enfants de Dieu.

De même, lorsque nous nous sacrifions d'abord, lorsque nous servons les autres dans chaque lieu, que ce soit dans la famille, au travail, ou à l'église, alors nous pourrons avoir le beau fruit de la paix.

La mesure de foi que Dieu a départie à chacun diffère d'une personne à une autre (Romains 12:3). Chacun a des opinions et des idées différentes. Le niveau d'éducation, les personnages et les circonstances dans lesquelles ils avaient été éduqués sont toutes différentes, alors chacun a des normes différentes concernant ce qu'il aime et ce qu'il pense juste.

Chaque personne a une norme différente, et donc, si chacun insiste sur ce qu'il veut, on ne peut jamais avoir la paix. Même si nous avons raison, et même si nous pouvons avoir une certaine gêne à cause des autres, nous devrons nous sacrifier pour avoir la paix.

Supposons que deux sœurs, dont le style de vie est complètement différent, se partagent une chambre.

L'aînée aime que les choses soient propres, mais la plus jeune n'est pas vraiment ainsi. La plus âgée demande à sa sœur de changer. Lorsque, après plusieurs fois, la jeune sœur ne l'écoute pas, l'aînée peut s'énerver. Enfin elle ne pourra plus maîtriser sa colère. Et en fin de compte, il y aura une querelle.

Ici, évidemment avoir une chambre propre est mieux, mais si nous nous mettons en colère et offensons les autres par nos paroles, cela ne sera pas juste. Même si la situation nous est gênante, nous devrons patienter avec amour jusqu'à ce que cette personne change pour avoir la paix.

Il y avait un homme qui s'appelait Minson. Il perdit sa mère quand il était très jeune. Il avait une belle-mère qui avait deux fils plus jeunes que Minson.

La belle-mère maltraitait Minson; elle donnait la bonne nourriture et les bons vêtements seulement à ses fils alors que Minson, qui portait les vêtements faits de roseaux, frissonnait de froid en hiver.

Dans une froide journée d'hiver, tandis que Minson poussait la charrette que son père tirait, il frissonna tellement que le tremblement fut transmis à la charrette. Le père toucha les vêtements de son fils et finalement réalisa que son fils portait des vêtements de roseaux.

«Comment peut-elle faire cela?» Il était furieux, et il était sur le point de jeter sa nouvelle épouse hors de la maison. Mais alors Minson supplia son père de ne pas le faire. «Père, s'il vous plaît ne soit pas contrarié. Quand leur mère est là, un seul fils en souffrira, mais si elle est chassée, tous les trois fils vont souffrir.»

La belle-mère fut touchée par ce que Minson avait dit. Elle se repentit de ses méfaits avec des larmes et après cela la famille vécut en paix.

De même, ceux qui ont la douceur, comme le coton, et n'ont pas de querelles ou de problèmes avec d'autres personnes, seront reçus et aimés partout. Ces personnes sont des procureurs de paix. Ils peuvent se sacrifier pour les autres, même donner leur vie.

Abraham le Pacificateur

La plupart des gens veulent avoir la paix dans leur vie, mais ils ne peuvent pas vraiment le faire. C'est parce qu'ils cherchent leurs propres profits et avantages.

Si nous ne recherchons pas notre propre intérêt, il pourra sembler que nous ferons face à une perte, mais avec les yeux de la foi, ce n'est pas vrai. Lorsque nous suivons la volonté de Dieu en cherchant le bénéfice des autres, Dieu va nous rétribuer avec Ses réponses et bénédictions.

Dans Genèse, chapitre 13, nous voyons Abraham et son neveu Lot. Lot avait perdu son père très tôt dans sa vie et avait suivi Abraham comme son propre père. En conséquence, il avait aussi reçu des bénédictions quand Abraham avait été aimé et béni par Dieu. Leurs biens étaient considérables. Ils n'avaient pas seulement de l'argent et de l'or, mais ils avaient aussi de nombreux bovins. Pour cela, l'eau n'était pas assez suffisante, et les bergers des deux côtés avaient des querelles.

Enfin, pour éviter les querelles entre les familles, Abraham avait décidé de séparer le lieu d'habitation. A ce moment-là, Abraham abandonna le droit d'être le premier à choisir la meilleure terre.

Tout le pays n'est-il pas devant toi? Sépare-toi donc de moi: si tu vas à gauche, j'irai à droite; si tu vas à droite, j'irai à gauche (Genèse 13:9).

Ainsi, Lot avait pris la vallée de la Jordanie car il y avait beaucoup d'eau. Il aurait fallu qu'Abraham choisît le premier la meilleure terre. En effet, ce fut grâce à lui que Lot reçut les bénédictions de Dieu; en outre, dans la hiérarchie de la famille, Abraham était l'oncle et Lot le neveu. En plus, si Abraham avait donné à Lot le droit de choisir le premier en tant que simple action, il aurait pensé que ce fut un acte indécent de Lot.

Mais, Abraham avait voulu, du fond de son cœur, que son neveu Lot prît la meilleure terre. C'est pourquoi il pouvait avoir la paix avec Lot, et par conséquent, il reçut de Dieu des bénédictions encore plus grandes.

L'Éternel dit à Abram, après que Lot se fut séparé de lui: Lève les yeux, et, du lieu où tu es, regarde vers le nord et le midi, vers l'orient et l'occident; car tout le pays que tu vois, je le donnerai à toi et à ta postérité pour toujours. Je rendrai ta postérité comme la poussière de la terre, en sorte que, si quelqu'un peut compter la poussière de la terre, ta postérité aussi sera comptée. Lève-toi, parcours le pays dans sa longueur et dans sa largeur; car je te le donnerai (Genèse 13:14-17).

Depuis lors, la richesse d'Abraham et son autorité furent si grands qu'il était respecté même par les rois autour de lui. Avec son bon cœur, il avait pu même être appelé «ami de Dieu.»

Celui qui cherche le bénéfice des autres en toutes choses, il va faire ce que les autres veulent et non pas ce que, lui, il veut. Si quelqu'un le frappe sur la joue droite, il lui présente aussi l'autre. Si quelqu'un veut plaider contre lui, et prendre sa tunique, il lui laisse encore son manteau. Si quelqu'un le force à faire un mille, il en fait deux avec lui (Matthieu 5:39-41).

Tout comme Jésus avait prié pour ceux qui le crucifiaient, le pacificateur peut aussi prier pour ses ennemis et pour leurs bénédictions. Il peut prier pour ceux qui le persécutent. Lorsque nous nous sacrifions du fond de notre cœur et que nous cherchons le profit des autres, nous pourrons avoir la paix.

La Paix dans la vérité seulement

Nous devons faire attention qu'il y a une différence entre: 'être patient'; et 'couvrir les fautes des autres' pour avoir la paix et ignorer tout simplement une chose désobligeante. Avoir la paix ne signifie pas éviter un frère qui commet un péché ou trouver un compromis avec une autre personne. Nous devons avoir la paix avec tout le monde, mais nous devons avoir la paix dans la vérité.

Par exemple, des membres de la famille ou des collègues dans le travail pourraient nous demander de nous prosterner devant les idoles. Ils pourraient nous demander de boire de l'alcool. C'est contre la parole de Dieu (Exode 20:4-5; Ephésiens 5:18), donc nous devons refuser et choisir le chemin qui plaît à Dieu.

Mais quand nous faisons cela, nous devons être sages. Nous ne devrons pas blesser les sentiments des autres. Nous devrons être gentils avec eux tout le temps. Nous devrons gagner leur cœur avec notre fidélité. Nous pourrons alors les convaincre avec un cœur doux et demander leur compréhension.

Ceci est un témoignage de l'une des sœurs de notre église. Après qu'elle fut recrutée dans son travail, elle eut quelques ennuis avec ses collègues pendant un certain temps. Ils voulaient qu'elle participât, le Dimanche, à leurs sorties et réunions. Mais, elle voulait garder saint le Jour du Seigneur.

Alors, ses collègues et les seniors adoptaient une attitude indifférente envers elle. Mais elle ne s'en souciait pas et continuait à travailler fidèlement, même elle achevait volontairement les travaux des autres employés. Quand ils virent en elle la bonne odeur du Christ, ils furent touchés par elle. Maintenant, ils ne font plus leurs réunions le Dimanche et même ils célèbrent les mariages le Samedi, et non pas le Dimanche.

La bénédiction d'être appelé fils de Dieu

Matthieu 5:9 dit: *«Heureux ceux qui procurent la paix, car ils seront appelés fils de Dieu!»* Quelle grande bénédiction que le fait d'être appelé fils de Dieu?

Ici le terme «fils» ne se réfère pas seulement au mâle, mais à tous les enfants de Dieu. Cependant, c'est un peu différent de «fils» dans Galates 3:26 qui dit: *«Car vous êtes tous fils de Dieu par la foi en Jésus-Christ.»* Dans Galates c'est tout justement les fils qui sont sauvés. Mais «les fils de Dieu», «ceux qui procurent la paix», a un sens spirituel plus profond. Ce sont les vrais enfants que Dieu lui-même reconnaît.

Tous ceux qui ont accepté Jésus-christ et qui ont la foi sont enfants de Dieu. Jean 1:12 dit: *«Mais à tous ceux qui l'ont reçue, à ceux qui croient en son nom, elle a donné le pouvoir de devenir enfants de Dieu.»* Mais, les croyants, bien qu'ils soient tous sauvés et devenus enfants de Dieu, ne sont pas tous pareils.

Par exemple, parmi beaucoup d'enfants, il y a certains qui comprennent le cœur des parents et les rassurent, tandis que d'autres ne font que de donner des moments difficiles à leurs parents.

De la même façon, même du point de vue de Dieu, certains enfants renoncent rapidement au mal de leur cœur et obéissent à la parole, tandis que d'autres enfants ne changent pas, même après une longue période de temps. Ils continuent à être toujours désobéissants.

Ici, quels enfants Dieu considérerait les meilleurs? Evidemment ce sont ceux qui ressemblent au Seigneur, qui ont un cœur pur, et qui obéissent à la parole. Genèse 17:1 dit: *«Je suis le Dieu Tout-puissant. Marche devant ma face, et sois intègre.»* Dieu veut que Ses enfants soient irréprochables et parfaits.

Afin que nous puissions être appelés fils de Dieu, nous devons être semblables à l'image de son Fils, notre Sauveur (Romains 8:29). Jésus, le Fils de Dieu, est devenu le pacificateur en se sacrifiant même jusqu'à sa crucifixion.

De même, quand nous ressemblons à Jésus en nous sacrifiant et en recherchant la paix, nous pouvons être appelés fils de Dieu. Alors, nous pouvons également jouir de l'autorité spirituelle et du pouvoir que Jésus possédait (Matthieu 10:1).

Tout comme Jésus pouvait guérir toute maladie et toute infirmité, chasser les esprits impurs et revivifier les morts, si nous sommes appelés fils de Dieu, alors nous pourrons aussi guérir même les maladies incurables, comme le cancer, le sida, et la leucémie.

Par ailleurs, même les boiteux, les aveugles, les morts, les muets, et ceux qui souffrent de la paralysie infantile peuvent être guéris. Leurs yeux vont voir, et ils vont pouvoir marcher, et même les morts vont ressusciter.

L'ennemi diable aura peur et tremblera, alors ceux qui sont capturés par des démons ou par la puissance des ténèbres seront libérés (Marc 16:17-18). Il y aura des manifestations des œuvres de guérison allant au-delà des limites du temps et de l'espace. Des œuvres extraordinaires pourront également avoir lieu par les choses que nous possédons, à titre d'exemple les mouchoirs comme ce fut le cas de Paul (Actes 19:11-12).

En outre, tout comme Jésus avait calmé le vent et les vagues, nous serons capables de provoquer un changement dans les conditions météorologiques (Matthieu 8:26-27). Les pluies vont s'arrêter, et nous pouvons même changer le cours d'un typhon ou d'un ouragan, ou les faire disparaître. Nous pourrons même voir un arc- en- ciel au cours d'une journée très claire.

Ajoutons que, si nous sommes appelés fils de Dieu, nous entrerons dans la nouvelle Jérusalem qui abrite le trône de Dieu. Là, nous pourrons jouir de l'honneur et de la gloire en tant que ses véritables enfants. Si nous avons la foi pour être sauvés, nous allons entrer dans le Paradis, mais si nous devenons de vrais enfants qui sont appelés fils de Dieu, nous pourrons entrer dans la Nouvelle Jérusalem, le plus beau lieu d'habitation du royaume céleste.

Combien sont grands la gloire et l'honneur d'un prince qui va recevoir le trône? Et si nous ressemblons à Dieu, le souverain de tout, et si nous sommes appelés fils de Dieu, notre honneur et dignité seront très grands! Nous serons escortés par l'armée céleste et les anges, et nous serons loués par d'innombrables personnes dans le royaume céleste, pour l'éternité.

Par ailleurs, nous allons profiter de toutes sortes de belles choses et de grandes maisons, splendides et magnifiques, de la Nouvelle Jérusalem. Nous allons vivre éternellement dans un bonheur dont l'ampleur est indicible.

Par conséquent, nous devons prendre notre croix et devenir des pacificateurs, tout en ayant le cœur du Seigneur qui avait sacrifié sa vie jusqu'au point d'être crucifié afin que nous puissions recevoir le grand amour de Dieu et Ses bénédictions.

Chapitre 8
La Huitième Bénédiction

Heureux ceux qui sont persécutés pour
la justice, car le royaume des cieux est à eux

Matthieu 5:10

«Heureux ceux qui sont persécutés pour la justice,

car le royaume des cieux est à eux!»

«Crois au Seigneur Jésus, et tu seras sauvé.»

«Tu peux recevoir des bénédictions en toutes choses en croyant au Dieu Tout-Puissant.»

Souvent les prédicateurs disent que lorsque nous croyons en Jésus-Christ, nous pouvons recevoir le salut et les bénédictions en toutes choses, et nous pouvons avoir une vie prospère et recevoir des réponses à tous les problèmes de la vie.

Dans notre église seulement, chaque semaine nous rendons gloire à Dieu avec tant de témoignages.

Cependant, la Bible nous dit aussi qu'il y aura des difficultés et des persécutions, lorsque nous croyons en Jésus-Christ. Nous allons recevoir des bénédictions de la vie éternelle et la bénédiction sur cette terre autant que nous nous sacrifiions pour l'amour du Seigneur. Mais nous allons aussi recevoir des persécutions (Philippiens 1:29).

Je vous le dis en vérité, il n'est personne qui, ayant quitté, à cause de moi et à cause de la bonne nouvelle, sa maison, ou ses frères, ou ses sœurs, ou sa mère, ou son père, ou ses enfants, ou ses terres, ne reçoive au centuple, présentement dans ce siècle-ci, des maisons, des frères, des sœurs, des mères, des enfants, et des terres, avec des persécutions, et, dans le siècle à venir, la vie éternelle (Marc 10:29-30).

Être Persécutés pour la justice

Qu'est-ce que cela signifie être persécutés pour la justice? Il s'agit de la persécution que nous affrontons lorsque nous vivons par la parole de Dieu en suivant la vérité, la bonté et la lumière.

Bien sûr, nous ne vivrons pas les persécutions si nous compromettons simplement et nous ne menons pas une bonne vie chrétienne. Mais 2 Timothée 3:12 dit: *«Or, tous ceux qui veulent vivre pieusement en Jésus-Christ seront persécutés.»* Si nous suivons la parole de Dieu, nous affronterons peut-être des difficultés ou recevrons des persécutions, sans aucune raison.

Par exemple, quand nous étions loin du Seigneur, ne croyant pas en Lui, nous pourrions boire de l'alcool, avoir un langage offensif et agir brutalement. Mais après avoir reçu la grâce de Dieu, nous essayons d'arrêter l'alcool et de mener une vie pieuse. Alors, nous allons naturellement avoir tendance à nous éloigner des collègues et associés non croyants. Même si nous nous réunissons avec eux, ils ne peuvent pas jouir des mêmes choses avec nous comme auparavant. Alors ils peuvent être déçus ou critiquer notre nouveau comportement.

Moi aussi, avant d'accepter le Seigneur, j'avais beaucoup d'amis qui buvaient avec moi. En outre, lorsque les parents se réunissaient, nous buvions beaucoup. Mais après avoir accepté le Seigneur, j'avais compris, dans une réunion de réveil, la volonté de Dieu nous disant de ne pas être buveurs, et j'avais immédiatement cessé de boire.

Je n'avais pas servi de boissons alcoolisées à mes frères, autres parents ou amis. Alors, ils se plaignaient me disant que je ne les traitais pas comme j'étais censé le faire.

En outre, après que nous acceptons le Seigneur et gardons saint le jour du Seigneur, parfois nous ne pouvons pas participer à certaines sorties tenues par notre lieu de travail ou autres rencontres sociales. Dans une famille qui n'est pas évangélisée, nous pouvons même faire face à des persécutions parce que nous ne nous prosternerions pas devant les idoles.

Le Mal hait la Lumière

Alors, pourquoi devrions-nous souffrir lorsque nous croyons au Seigneur? Cela ressemble au pétrole et à l'eau qui ne se mélangent pas. Dieu est Lumière, et ceux qui croient au Seigneur et vivent dans la parole spirituellement appartiennent à la lumière (1 Jean 1:5). Mais le maître de ce monde est l'ennemi diable et Satan, le prince de ce monde de ténèbres (Éphésiens 6:12).

Par conséquent, tout comme l'obscurité disparaît quand il y a la lumière, quand le nombre des croyants, qui ressemblent à la lumière augmente, le pouvoir de l'ennemi diable et Satan va diminuer. L'ennemi diable et Satan contrôlent les gens du monde qui leur appartiennent. Ils les incitent à persécuter les croyants afin qu'ils ne soient plus croyants.

Car quiconque fait le mal hait la lumière, et ne vient point à la lumière, de peur que ses œuvres ne soient dévoilées; mais celui qui agit selon la vérité vient à la lumière, afin que ses œuvres soient manifestées, parce qu'elles sont faites en Dieu (Jean 3:20-21).

Ceux qui ont bon cœur peuvent être touchés et accepter la Bonne Nouvelle quand ils voient d'autres personnes vivant de la parole de Dieu dans la justice. Mais ceux qui sont méchants vont penser qu'une telle chose est une stupidité. Ils haïssent cela et persécutent les croyants à cause de leur foi.

Certains essaient de convaincre les croyants avec leur logique. Ils disent: «Voulez-vous être tel un extrémiste? Il y a des gens qui sont élevés dans des familles chrétiennes. Certains d'entre eux sont des anciens dans une église, toutefois ils continuent à boire.» Mais les enfants de Dieu ne doivent jamais agir dans l'iniquité, que Dieu hait, simplement parce que leurs collègues, parents ou amis ont leurs sentiments un peu blessés momentanément.

Dieu avait donné Son Fils Unique pour nous sauver, nous qui étions des pécheurs. Jésus reçut toutes sortes de moqueries et de persécutions, et, enfin, mourut sur la croix en prenant nos péchés. Si nous pensons à cet amour, nous ne pouvons pas transiger avec le monde sous n'importe quelle sorte de persécutions tout justement pour le confort momentané.

Les Cas de persécution à cause de la justice

En 605 avant JC, lors de l'invasion de Nebucadnetsar de

Babylone, Schadrac, Méschac et Abed-Nego devinrent captifs avec Daniel. Ils avaient gardé le respect de Dieu et leur foi en lui, même face à la culture étrangère, qui était luxurieuse et pleine d'idolâtrie.

Un jour, ils étaient confrontés à une situation très difficile. Le roi fit une statue d'or et obligea chaque personne dans le pays de se prosterner devant cette statue. Si quelqu'un désobéissait à l'ordre du roi, il serait jeté dans une fournaise ardente.

Schadrac, Méschac et Abed-Nego auraient pu facilement éviter n'importe quel problème tout en s'inclinant une seule fois, mais ils ne l'avaient jamais fait.

C'est parce que Exode 20:4-5 dit: «*Tu ne te feras point d'image taillée, ni de représentation quelconque des choses qui sont en haut dans les cieux, qui sont en bas sur la terre, et qui sont dans les eaux plus bas que la terre. Tu ne te prosterneras point devant elles, et tu ne les serviras point; car moi, l'Éternel, ton Dieu, je suis un Dieu jaloux, qui punis l'iniquité des pères sur les enfants jusqu'à la troisième et la quatrième génération de ceux qui me haïssent.*»

Enfin, les trois amis de Daniel avaient dû être jetés dans la fournaise ardente. Combien fut touchant leur aveu en ce moment-là!

Voici, notre Dieu que nous servons peut nous délivrer de la fournaise ardente, et il nous délivrera de ta main, ô roi. Sinon, sache, ô roi, que nous ne servirons pas tes dieux, et que nous n'adorerons pas la statue d'or que tu as élevée (Daniel 3:17-18).

Ils n'avaient pas transigé avec leur foi même dans une situation mortelle. Dieu vit leur foi et les a sauvés de la fournaise ardente.

Etre persécutés à cause des offenses personnelles

Il est à savoir ici est qu'il y a beaucoup de cas où les personnes sont persécutées à cause de leurs propres offenses et non pas pour la justice comme ce fut le cas des trois amis de Daniel.

Par exemple, il y a quelques croyants qui ne remplissent pas toutes leurs fonctions, disant qu'ils font les œuvres de Dieu.

Si les élèves n'étudient pas et si les ménagères ne prennent pas soin de l'entretien de leur foyer pour se concentrer sur les activités de l'église, ils seront persécutés par les membres de leur famille. La cause de la persécution, c'est qu'ils négligent leurs études ou travaux ménagers. Mais ils interprètent mal la persécution et pensent que cela a lieu parce qu'ils font l'œuvre du Seigneur.

Peut-être un croyant n'achève pas son travail bien comme il faut, et il demande à une autre personne de l'exécuter à sa place sous prétexte qu'il a des œuvres à accomplir pour l'église. Alors, il sera averti ou réprimandé dans son lieu de travail. Cela ne veut pas dire être persécuté pour la justice.

1 Pierre 2:19-20 dit: «*Car c'est une grâce que de supporter des afflictions par motif de conscience envers Dieu, quand on*

souffre injustement. En effet, quelle gloire y a-t-il à supporter de mauvais traitements pour avoir commis des fautes? Mais si vous supportez la souffrance lorsque vous faites ce qui est bien, c'est une grâce devant Dieu.»

Heureux ceux qui sont persécutés pour la justice

Matthieu 5:10 dit: *«Heureux ceux qui sont persécutés pour la justice, car le royaume des cieux est à eux!»* Pourquoi la Bible dit qu'ils sont bénis? Les persécutions résultant du mal ou de l'iniquité ne peuvent pas être des bénédictions ou des récompenses. Mais la persécution à cause de la justice est une bénédiction, car celui qui reçoit une telle persécution peut posséder le royaume céleste.

Comme le sol devient plus fort après la pluie, après les persécutions, notre cœur sera plus ferme et plus parfait. Nous pouvons trouver les contrevérités que nous ignorions auparavant et nous y renonçons. Nous pouvons avoir la douceur et la paix dans nos cœurs et ressembler au cœur du Seigneur pour aimer même nos ennemis.

Avant, si quelqu'un nous frappait sur la joue, nous nous mettrions en colère et nous rendrions le coup. Mais au travers des persécutions, nous comprenons ce que veut dire servir et aimer les autres de sorte que, si quelqu'un nous frappe sur la joue droite, nous lui présentons aussi l'autre.

En outre, ceux qui ont l'habitude de s'attrister et se plaindre lorsqu'ils sont confrontés à des difficultés peuvent avoir une foi ferme dans les persécutions. Ils ont maintenant l'espoir pour le royaume céleste, ils sont heureux et rendent grâces dans tout type de situation.

Laissez-moi vous raconter un exemple de la vie réelle. Un de nos membres d'église eut souvent des problèmes avec son collègue dans son bureau. Cette personne calomniait le croyant sans aucune raison. Ses actions étaient dépourvues de logique; et ce croyant avait beaucoup souffert à cause de cela.

D'autres personnes avaient l'habitude de dire qu'il était un homme gentil, mais à travers cette situation, le croyant avait découvert qu'il avait aussi la haine dans son cœur. Il décida d'entourer son collègue de son affection parce que Dieu nous dit d'aimer même nos ennemis. Il se rappelait les choses que cette personne aimait et parfois il lui en présentait.

En outre, comme il priait pour cette personne, il acquit un véritable amour pour lui, et ils devinrent de très bons amis, assez proches l'un de l'autre. Parmi tous les employés du bureau qui se liaient d'amitié, leur amitié fut la plus solide.

Psaume 119:71 dit: «*Il m'est bon d'être humilié, Afin que j'apprenne tes statuts.*» Au travers de telles persécutions, nos cœurs deviennent plus humbles. Nous rejetons les péchés et le mal, nous comptons sur Le Seigneur et devenons sanctifiés. Avec le temps, les persécutions vont normalement disparaître.

Si nous sommes persécutés pour la justice, notre foi va grandir.

Ensuite, nous serons respectés par les autres tout autour de nous et nous recevons aussi de Dieu des bénédictions spirituelles et matérielles. Par ailleurs, dans la mesure où nous accomplissons la justice en nous, nous pourrons avancer dans de meilleurs endroits dans le royaume céleste. Alors, quelle grande bénédiction cela est!

Les demeures célestes et les gloires sont différentes

Alors, quelle est la différence entre: le ciel que posséderont ceux qui sont pauvres au cœur et le ciel que posséderont ceux qui sont persécutés pour la justice? En fait, il y a une grande différence.

Le premier est le ciel en sens général dans lequel tous ceux qui sont sauvés peuvent aller. Mais le deuxième veut dire que nous allons nous trouver dans de meilleurs lieux d'habitation dans le ciel autant que nous sommes persécutés pour avoir agi dans la justice.

Les demeures d'habitation et les récompenses diffèrent d'une personne à une autre, selon le degré de notre sanctification, le fait d'être de vrais enfants suivant la volonté de Dieu, et selon l'accomplissement de nos devoirs envers Dieu.

Jean 14:2 dit: *«Il y a plusieurs demeures dans la maison de mon Père. Si cela n'était pas, je vous l'aurais dit. Je vais vous préparer une place.»*

De même, 1 Corinthiens 15:41 dit: *«Autre est l'éclat du soleil, autre l'éclat de la lune, et autre l'éclat des étoiles; même une étoile diffère en éclat d'une autre étoile.»* Nous pouvons voir que les endroits d'habitation et la gloire, que nous aurons au paradis, diffèrent selon le degré de l'achèvement de la justice.

Les pauvres de cœur sont ceux qui ont accepté le Seigneur et ont gagné le droit d'entrer dans le royaume céleste. Dès lors, ils peuvent devenir humbles et avoir les cœurs purs en s'affligeant et en se repentant de leurs péchés de telle sorte qu'ils puissent y renoncer. Ils doivent continuer à grandir dans leur foi en suivant la justice continuellement.

A savoir, seulement ceux qui se rendent compte de leur méchanceté, y renoncent et deviennent sanctifiés au travers des persécutions et épreuves peuvent entrer dans un meilleur endroit dans le ciel et peuvent aussi voir Dieu le Père.

Les Persécutions pour le Seigneur

Si nous accomplissons la justice, les persécutions vont disparaître. Comme notre foi grandit et nous devenons de plus en plus parfaits, nous serons respectés par les gens autour de nous. Par ailleurs, nous pouvons également recevoir des bénédictions spirituelles et matérielles de Dieu.

Nous pouvons voir cela dans le cas des trois amis de Daniel. Ils étaient persécutés parce qu'ils s'accrochaient à la justice de Dieu. Ils furent jetés dans la fournaise ardente, chauffée sept fois plus qu'il ne convenait de la chauffer. Mais Dieu les avait protégés, même les cheveux de leur tête n'avaient pas été brûlés. En voyant cette œuvre de Dieu, le roi aussi rendit gloire à Dieu le Tout-Puissant. Il avait également élevé ces trois.

Mais cela ne signifie pas que toutes les persécutions vont disparaître tout simplement parce que nous avons accompli complètement la justice en pratiquant la parole de Dieu. Il y a aussi des persécutions au travers desquelles les ouvriers du Seigneur doivent passer pour le royaume de Dieu.

Heureux serez-vous, lorsqu'on vous outragera, qu'on vous persécutera et qu'on dira faussement de vous toute sorte de mal, à cause de moi. Réjouissez-vous et soyez dans l'allégresse, parce que votre récompense sera grande dans les cieux; car c'est ainsi qu'on a persécuté les prophètes qui ont été avant vous (Mathieu 5:11-12).

Beaucoup de pères de la foi avaient volontairement pris des souffrances pour accomplir la volonté de Dieu. Avant tout, Jésus exista sous la forme de Dieu. Il fut saint, innocent, sans tache, mais il prit la punition des pécheurs. Afin d'accomplir la providence du salut, Il avait été fouetté et crucifié et entendit toutes sortes de moqueries et de mépris.

L'apôtre Paul

Prenons le cas de l'apôtre Paul. Paul avait posé les bases de la mission mondiale par la prédication de l'Évangile aux païens. Grâce à ses trois voyages missionnaires il avait établi plusieurs églises. Ce n'était pas facile. Nous pouvons voir, à travers sa confession, combien cela était difficile:

> *Sont-ils ministres de Christ? – Je parle en homme qui extravague. – Je le suis plus encore: par les travaux, bien plus; par les coups, bien plus; par les emprisonnements, bien plus. Souvent en danger de mort, cinq fois j'ai reçu des Juifs quarante coups moins un, trois fois j'ai été battu de verges, une fois j'ai été lapidé, trois fois j'ai fait naufrage, j'ai passé un jour et une nuit dans l'abîme. Fréquemment en voyage, j'ai été en péril sur les fleuves, en péril de la part des brigands, en péril de la part de ceux de ma nation, en péril de la part des païens, en péril dans les villes, en péril dans les déserts, en péril sur la mer, en péril parmi les faux frères. J'ai été dans le travail et dans la peine, exposé à de nombreuses veilles, à la faim et à la soif, à des jeûnes multipliés, au froid et à la nudité* (2 Corinthiens 11:23-27).

Il y avait même des gens qui avaient juré de ne rien manger jusqu'à ce qu'ils tuent Paul. Nous pouvons imaginer combien elle était grande la souffrance qu'il vécut (Actes 23:12). Mais quelle que soit la situation de la persécution, l'apôtre Paul était toujours joyeux et reconnaissant, parce qu'il avait l'espérance du royaume céleste.

Il était fidèle jusqu'à la mort pour le royaume et la justice de Dieu, n'épargnant même pas sa propre vie (2 Timothée 4:7-8).

Si les hommes de Dieu souffrent ce n'est pas parce qu'ils n'ont pas le pouvoir. Quand Jésus était sur la croix, si seulement il avait voulu, Il aurait pu invoquer son Père, qui Lui donnerait à l'instant plus de douze légions d'anges pour abattre tous les méchants là (Matthieu 26:53).

Moïse et l'apôtre Paul, tous les deux, avaient une telle puissance que même les gens les considéraient comme des dieux (Exode 7:1, Actes 14:8-11). Quand les gens avaient pris des mouchoirs ou des tabliers que Paul avait touchés et les donnaient aux malades, les maladies furent guéries et les démons chassés (Actes 19:12).

Mais parce qu'ils savaient que la providence de Dieu serait accomplie plus fortement au travers de leurs souffrances, ils n'avaient pas essayé d'éviter ces souffrances. Par contre, ils les avaient pris avec joie. Ils avaient prêché la volonté de Dieu avec passion brûlante et fait ce que Dieu avait ordonné de faire.

De grandes récompenses lorsque nous nous réjouissons et que nous sommes heureux

La raison pour laquelle nous pouvons nous réjouir et être heureux quand nous sommes persécutés pour le nom du Seigneur est parce que la récompense sera grande dans le royaume céleste (Matthieu 5:11-12).

Dans les anciens temps, parmi les ministres fidèles, il y avait certains qui étaient prêts à sacrifier leur vie pour le roi. Le roi leur accordait plus de gloire et d'honneur pour leur fidélité. Si le ministre était mort, le roi donnerait des récompenses à ses enfants.

Comme il est dit dans Jean 15:13: *«Il n'y a pas de plus grand amour que de donner sa vie pour ses amis»,* ils ont prouvé leur amour pour leur roi en sacrifiant leur vie.

Si nous sommes persécutés et si nous sacrifions même notre vie pour le Seigneur, comment Dieu, le maître de toutes choses, pourra laisser la situation telle qu'elle est? Il va nous combler par d'inimaginables bénédictions célestes.

Il nous donnera de meilleures demeures dans le royaume céleste. Ceux qui sont martyrisés pour le Seigneur seront reconnus pour leur cœur qui aime le Seigneur. Ils iront, au moins, au troisième royaume des cieux, ou même à la Nouvelle Jérusalem.

Même si nous ne sommes pas entièrement sanctifiés, si nous pouvons sacrifier nos vies pour devenir des martyrs, cela signifie que nous pourrons devenir, avec le temps, complètement sanctifiés.

L'apôtre Paul avait beaucoup souffert et malgré cela il avait sacrifié sa vie pour le Seigneur. Il pouvait communiquer clairement avec Dieu et avait connu plusieurs choses spirituelles à propos du ciel. Puisqu'il avait vu le paradis, il confessa:

«J'estime que les souffrances du temps présent ne sauraient être comparées à la gloire à venir qui sera révélée pour nous» (Romains 8:18).

Il confessa aussi dans 2 Timothée 4:7-8: *«J'ai combattu le bon combat, j'ai achevé la course, j'ai gardé la foi. Désormais la couronne de justice m'est réservée; le Seigneur, le juste juge, me le donnera dans ce jour-là, et non seulement à moi, mais encore à tous ceux qui auront aimé son avènement.»*

Dieu n'oublie pas la fidélité et l'effort de ceux qui sont persécutés et même devenus des martyrs pour le Seigneur. Il repaie un tel sacrifice avec un honneur et des récompenses débordants. Comme l'apôtre Paul l'avait dit, il y aura la gloire et des récompenses incroyables.

Même si nous ne perdons pas réellement notre vie physique, toutes les choses que nous faisons pour le Seigneur, avec un cœur de martyre, et toutes les persécutions que nous subissons pour le Seigneur seront remboursées par des récompenses et des bénédictions.

En outre, pour ceux qui se réjouissent et sont heureux, même s'ils sont persécutés pour le nom du Seigneur, Dieu donnera des réponses aux désirs de leur cœur et s'occupera de leurs besoins pour prouver qu'Il est avec eux. Leur foi sera de plus en plus grande, au fur et à mesure qu'ils vainquent les difficultés. Puis ils recevront une puissance et autorité plus grandes, communiqueront avec Dieu plus clairement et deviendront capables de manifester les grandes œuvres de la puissance de Dieu.

Mais en fait, ceux qui sacrifient leur vie pour le Seigneur ne se soucient pas s'ils ne reçoivent rien sur cette terre. Ils peuvent se réjouir encore davantage, car rien ne peut être comparé avec les bénédictions célestes et les récompenses qu'ils recevront plus tard.

Bénédictions pour ceux qui participent aux souffrances du Seigneur

Nous devrions nous rappeler une chose. Quand un homme de Dieu souffre pour le Seigneur, ceux qui sont avec lui reçoivent aussi des bénédictions.

Quand David fut pourchassé, à la suite de son péché, par son fils Absalom, ceux qui étaient justes savaient que David était un homme de Dieu. Même si leur vie était menacée ils restaient avec lui. Enfin, quand David reçut de nouveau la grâce de Dieu, ils pouvaient recevoir la grâce avec lui.

C'est la volonté du Dieu juste, que, quand un homme de Dieu souffre pour le nom du Seigneur, ceux qui sont avec lui avec un cœur sincère vont aussi participer à sa gloire plus tard. Jésus avait aussi dit à ses disciples, au sujet de la récompense céleste, qu'ils la recevraient pour leur donner plus d'espoir.

Vous, vous êtes ceux qui avez persévéré avec moi dans mes épreuves; c'est pourquoi je dispose du royaume en votre faveur, comme mon Père en a disposé en ma

faveur, afin que vous mangiez et buviez à ma table dans
mon royaume, et que vous soyez assis sur des trônes,
pour juger les douze tribus d'Israël (Luc 22:28-30).

Notre église et moi avions dû passer par de nombreuses persécutions dans l'accomplissement du royaume de Dieu. Parce que nous savions que c'était la volonté de Dieu, nous avions prêché à propos des choses spirituelles profondes, tout en sachant que ce serait aussi la cause des persécutions pour nous.

En passant par de nombreuses difficultés, qu'un homme ne peut pas vraiment supporter, nous avions tout laissé entre les mains de Dieu, ne faisant que prier et jeûner. Puis, Dieu nous avait donné une plus grande puissance comme preuve qu'il est avec nous. Il nous permit de manifester tant de signes et de prodiges. Non seulement de nombreuses maladies avaient été guéries, mais aussi les infirmités telles que la paralysie infantile, la cécité et la surdité, ou des parties du corps affaiblies depuis la naissance s'étaient rétablies.

Par ailleurs, nous avons pu mener des centaines, des milliers voire des millions de personnes vers Le Seigneur au travers des croisades dans de nombreux pays. Une de ces croisades avait attiré l'attention du monde entier comme l'avait rapporté la CNN (Cable News Network).

En 2005, GCN (Global Christian Network) TV a été fondée et avait commencé la diffusion durant les 24 heures, à New York et New Jersey. Après un an de sa fondation, Dieu avait tellement béni cette TV que toute personne, dans le monde entier, puisse voir les émissions de cette chaîne, via satellite.

Nous citons en particulier la Croisade à New York, en Juillet 2006, qui eut lieu au Madison Square Garden à New York. La croisade avait été diffusée à plus de 200 pays à travers diverses chaînes chrétiennes comme GCN, Cosmovision, le réseau GloryStar, et Daystar TV.

Derrière ce genre de gloire étaient les prières avec larmes des membres de l'église. Au moment où l'église passait par des moments difficiles, la plupart des membres gardaient l'église avec des jeûnes et prières.

Ceux qui participaient à la souffrance avec le Seigneur avaient une espérance débordante pour le royaume céleste. Ils avaient grandi pour avoir la foi audacieuse et spirituelle. Toutes ces choses leur étaient rendues par des bénédictions. Leurs familles, les lieux de travail, et les entreprises avaient été bénis. Ils rendirent gloire à Dieu avec leurs nombreux témoignages.

Par conséquent, ceux qui suivent la vraie bénédiction sont capables de se réjouir et être heureux au fond de leur cœur quand ils sont persécutés pour le Seigneur. C'est parce qu'ils attendent avec impatience les bénédictions éternelles qu'ils recevront dans le royaume céleste.

Celui qui poursuit la vraie bénédiction

Une bénédiction aux yeux de Dieu est très différente de ce

que les gens de ce monde considèrent comme des bénédictions. La plupart des gens pensent qu'être riche est une bénédiction. Mais, Dieu dit que les pauvres en esprit sont bénis. Les gens pensent qu'être toujours heureux est une bénédiction. Mais, Dieu dit que ceux qui sont affligés sont bénis. Dieu dit que ceux qui ont faim et soif de justice et qui sont débonnaires sont bénis.

Les Béatitudes contiennent les voies, vraies et bénies, pour posséder le royaume des cieux, tout en ayant un pauvre cœur et en ressemblant au cœur de Dieu au travers des persécutions.

Ainsi, si nous obéissons à la parole, nous serons capables de rejeter toutes les formes du mal et nous pourrons remplir nos cœurs de vérité. Nous serons capables de récupérer complètement l'image débonnaire et sainte de Dieu et Le satisfaire. C'est le moyen pour devenir un homme de foi et un homme de la parfaite sanctification.

Ce genre de personne est comme un arbre planté près d'un courant d'eau. Les arbres plantés près d'un courant d'eau sont fournis avec l'eau fraîche en abondance. Ils n'aperçoivent point la chaleur quand elle vient, et leurs feuillages restent verts; dans l'année de la sécheresse, ils ne cessent de porter du fruit. (Jérémie 17:7-8).

Les croyants vivant dans la parole de Dieu, qui déborde de toutes les bénédictions, n'auront rien à craindre, même dans les difficultés. Ils seront toujours gardés entre les mains de Dieu et recevront toujours Son amour et Ses bénédictions.

Par conséquent, je prie, au nom du Seigneur, pour que vous soyez impatients de la gloire qui sera révélée pour vous et pour que vous cultiviez les Béatitudes en vous. Je prie pour que vous soyez capables de jouir de vraies bénédictions que Dieu le Père vous donne, à la fois sur cette terre et dans les cieux.

«Heureux l'homme
qui ne marche pas selon le conseil des méchants,
Qui ne s'arrête pas sur la voie des pécheurs,
Et qui ne s'assied pas en compagnie des moqueurs,
Mais qui trouve son plaisir dans la loi de l'Éternel,
Et qui la médite jour et nuit!

Il est comme un arbre planté près d'un courant d'eau,
Qui donne son fruit en sa saison,
Et dont le feuillage ne se flétrit point:
Tout ce qu'il fait lui réussit.»
(Psaume 1:1-3)

L'auteur:
Dr. Jaerock Lee

Le Dr. Jaerock Lee est né à Muan, dans la Province de Jeonam, en République de Corée en 1943. Dans sa vingtaine, le Dr. Lee a souffert d'une variété de maladies incurables pendant sept ans et il attendait la mort avec aucun espoir de récupérer. Un jour du printemps 1974, il a été conduit dans une église par sa soeur et lorsqu'il s'est agenouillé pour prier, le Dieu vivant l'a immédiatement guéri de toutes ses maladies.

Dès que le Dr. Lee a rencontré le Dieu vivant au travers de cette merveilleuse expérience, il a aimé Dieu de tout son cœur et sincérité, et en 1978, il a été appelé à devenir un serviteur de Dieu. Il a prié avec ferveur de manière à clairement connaître la volonté de Dieu, l'a complètement accomplie et a obéi à toute la parole de Dieu. En 1982, il a fondé l'Eglise Centrale Manmin à Séoul en Corée et d'innombrables œuvres de Dieu, incluant des guérisons miraculeuses et des prodiges ont eu lieu dans son église.

En 1986, le Dr. Lee a été ordonné en tant que pasteur lors de l'Assemblée annuelle de l'Eglise Sungkyul Jésus de Corée, et quatre an plus tard, en 1990, ses sermons ont commencé à être retransmis en Australie, en Russie, aux Philippines et dans beaucoup d'autres nations au travers de la Société de Retransmission d'Asie, la Station asiatique de retransmission et le Système Chrétien Radio de Washington.

Trois ans plus tard, en 1993, l'Eglise Centrale Manmin a été sélectionnée comme l'une des «50 Plus grandes églises du monde» par le magazine «Monde Chrétien» (Etats-Unis) et il a reçu un doctorat honoraire en Divinité du Collège de la Foi Chrétien, en Floride, aux Etats-Unis. Et en 1996, un Ph.D. du ministère du Séminaire Théologique Kingsway, à Iowa, aux Etats-Unis.

Depuis 1993, le Dr Lee a pris la direction de la mission mondiale au travers de nombreuses croisades outremer, aux Etats-Unis, en Tanzanie, en Argentine, en Ouganda, au Japon, au Pakistan, aux Philippines, au Honduras, au Kenya, en Inde, en Russie, en Allemagne et au Pérou. En 2002, il fut appelé «Pasteur Mondial» par les principaux journaux chrétiens en Corée pour son travail dans les diverses Grandes Croisades Unifiées outremer.

Depuis août 2014, l'Eglise Centrale Manmin possède une congrégation de plus de 120.000 membres. Il y a 10.000 églises branches au pays et dans le monde, et à ce jour, plus de 123 missionnaires ont été commissionnés vers 23 pays, y compris les Etats-Unis, la Russie, l'Allemagne, le Canada, le Japon, la Chine, la France, l'Inde et de nombreux autres.

Jusqu'au jour de cette publication, le Dr Lee a écrit 93 livres y compris les bestsellers, *Goûter à la vie Eternelle avant la Mort, Ma Vie, Ma Foi I et II, Le Message de la Croix, La Mesure de Foi, Le Ciel I et II, Enfer* et *La Puissance de Dieu*. Ses œuvres ont été traduites dans plus de 76 langues.

Ses chroniques chrétiennes paraissent dans *Le Hankook Ilbo, Le JoongAng Daily, Le Chosun Ilbo, Le Dong-A Ilbo, Le Munhwa Ilbo, Le Seoul Shinmun, Le Kyunghyang Shinmun, Le Korea Economic Daily, Le Korea Herald, Le Shisa News,* et *Le Chistian Press*.

Le Dr. Lee est présentement dirigeant de nombreuses organisations missionnaires et associations, y compris Président de l'Eglise Unifiée de Sanctification de Jésus-Christ; Président Permanent, Association pour la Mission du Réveil Mondial du Christianisme;Président,Mission Mondiale Manmin; Fondateur et Président du Conseil du Réseau Mondial Chrétien (GCN); fondateur et président du conseil du Réseau Mondial de Médecins Chrétiens (WCDN) et fondateur et président du conseil du Séminaire International Manmin (MIS).

Ciel I & II

Une esquisse détaillée de l'environnement merveilleux dont jouiront les citoyens célestes au milieu de la gloire de Dieu.

Le Message de la Croix

Un puissant message de réveil pour tous les gens qui sont spirituellement endormis. Dans ce livre, vous trouverez le véritable amour de Dieu et pourquoi Jésus est notre seul Sauveur.

Enfer

Un message sérieux de Dieu à toute l'humanité, qui souhaite que pas même une seule âme ne tombe dans les profondeurs de l'enfer! Vous découvrirez le compte rendu jamais révélé auparavant de la cruelle réalité de l'Hadès et de l'enfer.

Ma Vie, Ma Foi I & II

L'autobiographie du Dr.Jaerock Lee produit le plus odorant arôme spirituel pour les lecteurs, au travers de sa vie extraite de l'amour de Dieu qui a fleuri au milieu de vagues ténébreuses, d'un joug glacial et d'un profond désespoir.

La Mesure de Foi

Quel type de lieu de séjour céleste et quelles espèces de couronnes sont préparés dans le ciel? Ce livre donne sagesse et direction pour mesurer votre foi et cultiver la foi la plus parfaite et mature.

www.ingramcontent.com/pod-product-compliance
Lightning Source LLC
Chambersburg PA
CBHW061757120626
46550CB00005B/2028